托尔斯泰：长存爱人之心

大师开讲

U1005427

谭梦聪 编著

全国百佳图书出版单位
时代出版传媒股份有限公司
黄山书社

图书在版编目（CIP）数据

大师开讲·托尔斯泰：长存爱人之心 / 谭梦聪编著. -- 合肥：黄山书社，2014.5

ISBN 978-7-5461-4449-8

Ⅰ. ①大… Ⅱ. ①谭… Ⅲ. ①托尔斯泰，L.N.（1828 ~ 1910）－语录 Ⅳ. ①K811

中国版本图书馆 CIP 数据核字（2014）第 076960 号

DASHI KAIJIANG·TUO'ERSITAI CHANG CUN AI REN ZHI XIN

大师开讲·托尔斯泰：长存爱人之心 谭梦聪 编著

出品人 任耕耘
选题策划 任耕耘 杨 雯
责任编辑 张月阳
特约编辑 李晓阳 赵迪秋
装帧设计 齐 娜
出版发行 时代出版传媒股份有限公司（http://www.press-mart.com）
黄山书社（http://www.hspress.cn）
地址邮编 安徽省合肥市蜀山区翡翠路 1118 号出版传媒广场 7 层 230071
印 刷 安徽国文彩印有限公司
版 次 2015 年 6 月第 1 版
印 次 2015 年 6 月第 1 次印刷
开 本 880mm×1230mm 1/32
字 数 120 千
印 张 7.75
书 号 ISBN 978-7-5461-4449-8
定 价 28.00 元

服务热线 0551-63533706
销售热线 0551-63533761
官方直营书店（http://hsssbook.taobao.com）

目录

为天地立心，为生民立命（代序）

列夫·托尔斯泰（Leo Tolstoy，1828—1910），俄国著名作家、思想家、评论家。出身于俄国贵族家庭，却穷其一生为了个人、民族，甚至全人类而思考、抗争。

我们无法用只言片语来准确概括列夫·托尔斯泰的一生。他兴趣广泛，涉及语言、艺术、文学、宗教、政治、科学、历史等诸多领域，也因此成就了他在文学、哲学和思想领域的卓越成绩。他著作等身——除脍炙人口的《安娜·卡列尼娜》《战争与和平》《复活》《童年》《少年》《青年》外，还有许多有趣且耐人寻味的中短篇小说和寓言故事。这些作品大多流露出一种悲天悯人的情怀，包含着对生命和人类灵魂的深刻思考。

托尔斯泰是一个心怀大爱的人，时刻保持着对生命的敬畏，对人民的同情。他说：“对待人就不能没有爱心，犹如对待蜜蜂不能不加小心一样。”如果不这样做，结果只能是损人而又不利己的。因为“人与人之间相互的爱乃是人类生活的基本规律”。

托尔斯泰一直在积极探寻应当怎样更好地生活，怎样可以使生活更有意义。他用一双悲悯的眼睛注视着世界，渴望用俄罗斯知识分子强烈的责任感唤醒被蒙蔽的人民。当春天来临时，看着大地上新长出的小草，枝头含苞待放的花蕾，托尔斯泰焦急地责备人类“无休无止地欺骗自己而且欺骗别人，折磨自己而且折磨别人”，完全不懂得欣赏“上帝为造福众生而赐下的这个世界的美丽”。

在审视人类和这个社会的同时，托尔斯泰对自身的要求也近乎严苛。他穷其一生不断地与自己所处的阶级斗争，也不停地同自己的思想斗争。长久以来，他坚持着一种苦修式的思考方式，不断质问自己、怀疑自己、否定自己，在一定程度上具备了俄罗斯文化传统中“圣愚”的形象特点。无论是《安娜·卡列尼娜》中的列文，还是《复活》中的聂赫留朵夫，都明显体现了托尔斯泰本人的深刻反思和对灵魂的拷问。

“圣愚”这个名词出自俄罗斯东正教，用来形容那些衣衫褴褛，带着镣铐，受尽苦难却在道德上圆满的人，一般会被当作圣人，这在俄罗斯文化传统中有着悠久的历史。“圣愚”两个字中包含的悲情、坚持和伟大总让人不免想起出自北宋大儒张载之口的“横渠四句”——为天地立心，为生民立命，为往圣继绝学，为万世开太平。为天地立心是博爱济世的仁者之心，为生民立命是修身养性的自成之行，为往圣继绝学是穷经皓首的治学之志，为万世开太平是体恤众生的报国之梦。虽然不论在时间还是空间上，托尔斯泰与张载都相隔甚远，但心怀苍生的圣人们立下了相似的志向，做着相仿的努力。

不论是生活中甘愿放弃家族产业和农奴继承权，以求让自己和更多的人获得解放与幸福的托尔斯泰，还是画像中衣着朴素，表情凝重，眼神里流露出对世界、对人类的关怀和质疑的托尔斯泰，都以他的博大胸怀和悲天悯人之情，成为历史长河中不可或缺的“圣愚”。

但正因为托尔斯泰的伟大，我们总感觉与他相距甚远，难以从内心和他接近。我们不明白他为什么拒绝衣食无忧的贵族生活，非要坐在书桌前为那些甚至不知道他的存在的人而思考。但仔细阅读并细细品味他的作品后，我们会发现，他有着惊人的亲和力和对人生的洞察力。他和每个普通人一样为生活而感到焦虑，有时甚至会不知所措；他也有过不好的嗜好——赌博，也为爱情而迷茫，也会为稿酬而写信催促编辑。他也是一个活生生的、有血有肉的人。正是由于这真实的生活和对生活敏锐的观察，托尔斯泰写下了一部又一部巨著。这之中包含他对生活、人生等问题的深入思考和理解。

所以，走进托尔斯泰的著作必将是一次同他有益的对话，他所思考的，诸如生命的意义、生死的问题，也许正是你在踌躇的。我们从他的话语中也许无法得到一个准确答案，但可以受到启发，激发对问题的思考。我们不能奢望成为第二个托尔斯泰，但起码可以通过阅读和理解他的文字学会放下戒备和冷漠的面具，然后敞开胸怀，拥抱美好的生活。

本书特意从列夫·托尔斯泰的箴言中选取了与我们的生活息息相关的文字，并将这些内容分类编纂为五个章节，分别为“自我的修为”“生死的困惑”“青春的箴言”“艺术的魅力”和“幸福的指针”。内容涉及多个方面，其中许多意味深长的话语值得一辈子玩味。就让我们一同走近大师，在阅读中寻找自己需要的答案吧！

第一章

自我的修为

外貌和内在的修为，究竟哪个更重要？这恐怕是困扰过很多人的问题。有人说漂亮的人总是更有优势的；也有人主张漂亮只是暂时的，内在的气质和修养才更有生命力。

其实，这样的困扰和争论是完全没有必要的，只因为我们对外貌和内在修为的理解过于狭隘了。外貌从来都不仅仅指五官的美丑，内在修为也不是深藏不露的东西。

古人云："相由心生。" 叔本华也说："人的外表是表现内心的图画，相貌表达并揭示了人的整个性格特征。"内心平和的人不会整天愁眉苦脸；谦逊有礼的人不会总是剑拔弩张；热爱生活的人，脸上就会长存微笑，而眉眼带笑、亲切随和的人又怎会不美呢？外貌的好看与否和内在修为密切相关，内在的修炼也会通过相貌和言谈举止展露无遗。所以，"内外兼修"才会成为一种严格的要求和由衷的赞叹。

不要再为不合自己心意的五官忧愁了，良好的自我修为可以让一切更美。

无心插柳柳成荫

蚂蚁爬到小溪边，想喝个够。一个浪打来，差点把它淹死。鸽子衔着根树枝飞过，看见蚂蚁要淹死了，就把树枝给它扔到小溪里。蚂蚁爬上树枝，脱险了。后来有个猎人张了网，要捕鸽子。他正想拉绳，蚂蚁爬过去，在他脚上咬了一下。猎人大叫一声，扔下了网，鸽子也就振翅飞走了。（《蚂蚁和鸽子》）

有时，对你来说是举手之劳的帮助，也许对别人来说就是救命之恩。所以，不要嫌举手之劳麻烦，善事无大小。往往无心插柳柳成荫，不经意之间做的事有时反倒可以成就一个人。

一只老鼠的强大

狮子正睡觉，老鼠从狮子身上跑过。狮子醒过来，一把抓住了老鼠。老鼠求狮子放了自己，说："如果你把我放了，我将来一定为你效力。"狮子听见老鼠许愿要为它效力，就笑了，不过还是放了老鼠。后来猎人捉住狮子，用绳子把狮子拴在一棵树下。老鼠听见狮子吼叫，跑来咬断了绳子，说："你记得吗，你曾经嘲笑我，不相信我能为你效力。现在你看见了吧，老鼠也是能够为你效力的。"（《老虎和狮子》）

不要瞧不起那些看上去比你弱小的人，一个人不可能在每一方面都弱小或强大。俗话说，尺有所短，寸有所长。我们要做的是善于取人之长，补己之短，以谦恭的态度对待每一个人。

足够真实，所以伟大

思想家和艺术家永远不像我们惯于想象的那样安然高踞奥林匹斯山巅；思想家和艺术家必须和人们同痛苦，共忧患，以寻求解救和安慰。此外，他之所以感到痛苦和忧患，还因为他每时每刻总是惊惶不安，因为他原本可以解答、说出使人们获得幸福、免除痛苦、得到安慰的话，可是他还没有像应该做的那样说、那样描写；他完全没有解答、没有说出，而明天，也许就晚了——他会死去。因此，痛苦、忧患和自我牺牲永远是思想家和艺术家的命运。（《那么我们应该怎么办》）

我们常常会觉得伟人的思想和成就遥不可及，但其实他们也同我们一样在尘世间生活、感受。所不同的是，他们拒绝逃避，直面人生赋予的痛苦和忧患，活得更真实，因而思考得更深刻。如果我们也能勇敢地直面生活中的困扰，冷静思索，就可以打造属于自己的“伟大”人生。

不要透支信任

一个小男孩正守护着一群羊，他装作看见狼来了，大声喊道："救命啊，有狼！有狼！"农民们跑来一看，没有那么回事。小男孩这样干了两三次以后，真的来了一只狼。他又大喊："快来啊，有狼！"农民们以为他还是照平时那样骗人，都不理他。狼看见没有什么可怕的，就毫无顾忌地把一群羊都咬死了。（《说谎》）

诚实是一种非常重要的品质，不要透支别人对你的信任。

我们都是幼稚的孩童

我们常常把古人视为幼稚的孩童。其实在古人面前，在他们对人生的深刻、严肃、清晰的理解面前，我们才是幼稚的孩童呢。（《日记》）

现代人总有一种优越感，不自觉地往古人身上加上落后和无知的标签。但除了物质生活水平的进步，我们在精神世界的许多信仰和坚持依旧来自古人的恩赐。怀着谦卑对待古人和这些宝贵的精神遗产才是明智的选择。

帮助别人就是帮助自己

有个人赶着一头驴和一匹马在路上走。驴对马说："我吃力得很，驮不动这么多，你分一点去，好吗？"马不理睬它。驴用力过度，倒在地上死了。主人就把驴背上的东西都挪到马背上去，还加上一张驴皮。马于是号叫起来："唉，我这个可怜虫真苦啊，我这个倒霉蛋苦死了！当初我不肯帮它一点忙，现在所有的东西都归我驮，还加上一张皮。"（《驴和马》）

在美国波士顿犹太人屠杀纪念碑上镌刻着德国著名神学家马丁·尼莫拉的一则短诗：

"起初他们追杀共产主义者的时候，
我没有说话——因为我不是共产主义者；
接着他们追杀犹太人的时候，
我没有说话——因为我不是犹太人；
后来他们追杀工会成员的时候，
我没有说话——因为我不是工会成员；
此后他们追杀天主教徒的时候，

我没有说话——因为我是新教教徒；

最后他们奔我而来，

那时已经没有人能为我说话了。”

帮助别人，就是帮助自己。

盲目模仿不可取

穴鸟看见鸽子吃得很好，就把自己的羽毛染白，飞到鸽舍里来。鸽子起初以为这穴鸟也是鸽子，因此让它进去了。但它忘乎所以，竟用穴鸟的嗓子喊叫起来。一群鸽子就跑上去啄它，把它赶走了。穴鸟又飞回自己的同类那里，别的穴鸟看见它的羽毛雪白，很害怕，也把它赶走了。（《穴鸟和鸽子》）

每个人的本真都是上天的馈赠，何苦为了成为他人而失去独一无二的自己呢。

言传不如身教

爷爷年纪很大了。他的腿脚已不灵便，眼睛看不清楚，耳朵听不真切，牙齿也没有了。吃饭的时候，饭食总从他嘴里流出来。儿子和儿媳妇就不让他上桌子，叫他在灶下吃。有一次，他们把一只碗给他端了过去。他想把碗挪近点，却失手打碎了碗。儿媳妇就骂他，说他总弄坏家里的东西，打碎碗碟，还说以后要叫他用木钵子吃饭。老汉只叹了叹气，什么话也没有说。一天，小两口坐在家里，看见他们的小儿子在地板上玩木头，好像要做什么东西。父亲问他："你在做什么呀，米沙？"米沙说："爸爸，我在做木钵。等你和妈妈老了，好拿这个木钵给你们吃饭。"（《老爷爷和小孙子》）

古时候，有一位宰相的妻子非常重视儿子的前途，她每天不辞劳苦地劝告儿子要努力读书，要有礼貌，要讲信用，要忠于国君。宰相却是早上离开家去上朝，晚上回来就看书。爱儿心切的夫人终于忍不住说："你别只顾你的公事和看书本，你也该好好地管教管教你的儿子啊！”这宰相眼不离书地说：“我时时刻刻都在教育儿子啊！”

身教远远胜过言传。注意自己的言行举止，做好孩子的人生导师。

切勿因小失大

猴子抓了两把豆子。有一粒豆子掉了，猴子想拾起来，结果撒了二十粒。它又连忙去拾，却撒了一地。它很生气，就抛下所有的豆子跑了。（《猴子和豆子》）

我们往往只看到了眼前利益，而忽视了已经拥有的东西。

成功是不断积累的过程

一个农夫肚子饿了。他买了一个白面包吃下去，肚子还是饿。他又买一个白面包吃下去，肚子还是饿。他买了第三个白面包吃下去，肚子还是饿。随后他买来几个面包圈，刚吃下一个肚子就饱了。于是农夫拍了拍自己的脑袋说："我真笨！干吗白吃这么多白面包？开头我就该吃一个面包圈！"（《三个白面包和一个面包圈》）

"不积跬步，无以至千里；不积小流，无以成江海。"（《荀子·劝学》）没有始于起点的每一步奔跑，怎会有跨越终点线的精彩？

提高自身竞争力

两匹马各拉一辆大车。前面的一匹走得很好，而后面的一匹常常停下来。于是人们把后面一辆车上的货挪到前面一辆车上去。等到后面那辆车上的东西都搬完了，后面那匹马便轻快地前进，并且对前面那匹马说："你辛苦吧，流汗吧。你越是努力干，人家越是要折磨你。"他们来到车马店的时候，主人说："既然只用一匹马拉车，我养两匹马干吗？不如好好地喂一匹，把另一匹宰掉，总还能拿到一张皮吧。"（《两匹马》）

铁饭碗不是一个岗位，可以保你一辈子，而是你拥有不可被替代的价值，即使离开，到哪儿都能吃上饭。而这种"薄技走天下"的悠然正来自甘愿"吃亏"的修炼。

积财千万，不如薄技在身

有一个商人，他有两个儿子。大儿子深得父亲宠爱，父亲想把自己的全部财产都给他，小儿子什么也没有。小儿子听说什么也不给自己，就到异乡去读书，学手艺。大儿子在父亲身边生活，什么也不学，因为他知道，将来他会很富有。

等父亲一死，大儿子什么也不会干，把全部财产吃光用光；小儿子却在异乡学到了挣钱的本领，后来成了富翁。（《平分遗产》）

“授人以鱼，不如授人以渔，授人以鱼只救一时之急，授人以渔则可解一生之需。”

习得一技之长方可享细水长流。

恶的根源

“饥饿、爱情、怨恨、恐惧都不是我们一切痛苦的根源，我们的肉体才是世上一切恶的根源。饥饿、爱情、怨恨、恐惧都是由肉体产生的。”（《世上为什么会有恶》）

恶的根源在于人类自己，并不是所谓的外部原因。古人有言：“吾一日三省吾身。”如果要克制人内心的恶就必须常怀善念，常常自我反省，认识自己。

如何生活

“肉体生命是罪恶和谎言。肉体生命的消灭便是幸福，我们应当心向往之。”苏格拉底说。

“生命是个不应存在的东西，是罪恶，转化为空无是生命唯一的幸福。”叔本华说。

“世上的一切，无论智、愚、贫、富、苦、乐全是虚空和无用之物。人一死，一切便都不存在了。因而这是荒唐。”所罗门说。

“意识到痛苦、衰老、死亡不可避免，就无法生活下去，要使自己超脱尘世，舍弃任何生存的可能性。”佛说。（《忏悔录》）

“万般将不去，唯有业随身。”（《大正藏》）贫、富、苦、乐都是身外之物，心怀善意地感恩每个人、每一天，也许生命最大的意义就在于此。

应当怎样对待“自私”

我懂得了，一个人除了为自己个人的福利而生活外，还必定应该为别人的福利服务。如果要和动物世界作比较，就像某些人用动物世界的生存竞争来为暴力和斗争辩护时往往喜欢采用的做法一样，那么也应该从动物中选出蜜蜂这样的群体动物来比较，且不说人的内心注入了对他人的爱，无论人的理智还是人的天性都赋予人为他人和共同的人类目标服务的使命。我懂得了，这就是人的自然法则，人只有根据这条法则才能履行他的使命并因此成为幸福的人。（《那么我们应该怎么办》）

“自私”这个词是很多人都不愿面对的，但又是人性中不可回避的一点。人的理智和情感是人类特殊的禀赋，自然赐予这种能力并不是让我们各自生活就行，人类社会是一个不可分割的集体，我们必然要利用这种能力使这个集体凝聚并且推动其向前发展。这就需要亲情、友情、爱情以及智慧凝聚一处来达成这一目标，一味自私只顾自己是无法融入社会的。

被蒙蔽的双眼难以发现生活的纯美

如果说，我们这种压迫人的社会罪恶就是大海，那么我们失落的那颗珍珠就值得我们献出全部生命来汲干这个罪恶的大海。尘世的王公也会害怕，而且会比海怪屈服得更快。但这社会罪恶并不是大海，而是一个腐臭泥泞的大坑，我们正拼命往大坑里倒自己的污秽。只要醒悟到我们正在做的是什么事，只要不再喜爱自己的污秽，假想的大海就会立即涸竭，我们就会获得那颗充满博爱的人类生活的无价之宝。（《那么我们应该怎么办》）

一个人时，我们常会思考自己需要什么，却很少反思自己做错过什么。太多时候，我们不由自主地陷入到物质和欲望的漩涡中，以至于无暇顾及自身的变化。我们抱怨社会的复杂，却不愿承认自己也在为这种复杂“添砖加瓦”。洁净自己，才能发现生活的纯美。

勇于面对真实却不怎么美好的生活

不说谎就意味着不害怕真理，不为使自己听不见理性和良心的结论而支吾搪塞，也不接受别人为此而作的支吾搪塞；不害怕和周围的一切决裂而独自坚持理性和良心；不害怕真理将使我们面临的那种情况，坚信真理和良心所指向的那种情况无论多么可怕，也不会比建筑在谎话之上的东西更坏。（《那么我们应该怎么办》）

生活的真相总以比较残酷的方式展现在我们面前，所以很多时候，我们宁愿选择欺骗自己或者听信别人的谎言。但谎言是经不起生活考验的，总有一天你会发现自己为自己编织的美梦终究会落空。所以，不要欺骗自己，更不要欺骗生活。

知道得多不等于聪明

人类的明智不在于认识事物。有不计其数的事物是我们不可能认识的。明智也不在于认识得尽可能多一些。人类的明智在于认识一种秩序，我们根据那种秩序去认识事物才有好处。人类的明智是一种善于按照自己拥有的知识的重要程度来支配它们的本领。（《致罗曼·罗兰的信》）

我们常常错误地认为，大量占有知识和信息就是聪明。但其实，无限占有只是数量上的优胜，能否从众多个体中探寻出某种可以指导行动的普遍性方法论才是智慧的体现。

生活的目的

我发现，无论何时何地，人总是得出这样一个结论：人生的目的在于使人类得到全面发展。

如果我找不到自己的生活目的——一个总的也是有益的目的(益处在于一个不朽的灵魂得到发展以后，自然会转变为至高无上的适合于它的存在物)，那么我就是一个最不幸的人。现在我毕生都要积极地、不断地追求这个目的。（《日记》）

如果有人突然问你生活的目的是什么，你会给出怎样的答案？也许你会觉得这就是生活，还用想什么目的吗？好像这个问题就和每天要穿衣吃饭一样，不需要什么特殊理由。但仔细想来，这个问题却决定了你的人生高度。所以请仔细思考一下自己的生活目的是什么，你希望达成怎样的目标，你期望的生活水平是什么样子，你自己想要成为怎样的人，你想要给孩子以及父母怎样的生活。想清楚这些之后，再为自己列出详细清单，为这些目的一步一个脚印地走下去。

做自己力所能及的事

乌龟请求老鹰教它飞翔。老鹰劝它别学，因为它干这事不合适。可是它求了又求。老鹰就用爪子抓住它，把它带到高空，然后放开。结果乌龟摔在石头上，砸得粉碎。（《乌龟和老鹰》）

人的禀赋和能力大不相同，尽管生活中经常需要挑战和冒险，但是一定要在自己能力范围之内做这些事情，切勿强迫自己去做并不适合自己的事情。这需要我们对自身能力有比较全面和清醒的认知。所以，挑战自我之前，要先认识自己。

如何克服害羞

怕羞的人的痛苦，是由于不知道人们对他的看法而产生的；这种看法一旦明确表达出来时（不论是好是坏），痛苦也就消失了。（《童年》）

克服害羞是每个人都要经历的，因为人是社会动物，我们总会比较在意别人的看法，担心别人眼里的自己不够好。如何克服害羞？与其自我烦恼痛苦，不如面对面先听听别人的真实想法，走出克服害羞的第一步。

如何面对虚伪和罪恶

在他眼中，任何工作部门，都与罪恶和虚伪分不开。不管他想做一个怎样的人，不管他要做什么事，罪恶和虚伪都推开他，把他活动的所有道路都堵塞起来。然而总得生活，总得做点事情。（《战争与和平》）

在生活中遇到不公和虚伪就和每天的生活一样平常，我们不能因为不美好的存在而拒绝社会，人只有生活在社会中才是完整健全的。真诚而平和地对待我们身边的人和事，你的心境就会不一样。

这世上没有偶然

由此可见，这一切原因——千万个原因——遇到一起，于是就发生了已经发生的事。所以说，并没有哪个事件是独一无二的原因，那个事件之所以必然发生，只不过因为它不得不发生罢了。（《战争与和平》）

“15 岁觉得游泳难，放弃游泳，到 18 岁遇到一个你喜欢的人约你去游泳，你只好说‘我不会耶’。18 岁觉得英文难，放弃英文，28 岁出现一个很棒但要会英文的工作，你只好说‘我不会耶’。”（蔡康永《康永，给残酷社会的善意短信》）无论爱情甜蜜，还是事业有成，也许很多年前就已经注定。这世上没有偶然。

张弛有度才能事半功倍

假使您不把弦拉紧，要拉断它，是不容易的；但是把弦拉紧到极点，在拉紧的弦上只要加上一个指头的重量就会将它弄断。（《安娜·卡列尼娜》）

如何在日常工作与生活中做到张弛有度是一门学问。如果每天的生活都处于紧张高速运转的状态下，一个很小的因素都可能导致不可设想的后果，这就像是拉得很紧的弓弦无法承受更多额外的力量。可如果能偶尔放慢脚步，让自己处于一个相对舒适的精神状态下，相信做任何事都可以事半功倍。

做简单快乐的自己

我非常看重我的思想和我的工作，但是实际上，只想一想吧：我们的这个世界不过是生存在一个小小的行星上的一个小小的霉菌罢了。而我们还以为我们能够有什么伟大的东西——思想呀，事业呀！这些全是尘埃！（《安娜·卡列尼娜》）

“我对自己的要求很低：我活在世上，无非想要明白些道理，遇见些有趣的事。倘能如我所愿，我的一生就算成功。”（王小波《沉默的大多数》）在浩瀚的宇宙之间，做简单快乐的自己，就挺好。

我们创造了自己的历史

每个人都为自己活着，利用自由来达到他个人的目的，他以全部身心感觉到，他现在可以或者不可以从事某种行动；但是他一旦做出来，那么，这在某一个时刻完成的行动，就成为不可挽回的了，就成为历史的一部分，它在历史中不是自由的，而是早已注定的。（《战争与和平》）

每个人都有两种生活：一种是个人的私生活，它的兴趣越抽象，就越自由；一种是天然的群体生活，人在其中就必须遵守给他预定的各种法则。

人自觉地为自己活着，但是他不自觉地充当了达到历史的、全人类的各种目的的工具。一桩完成的行为是不可挽回的，而且一个人的行动和千百万别人的行动在一个时间内汇合在一起，就具有历史的意义了。人在社会阶梯上站得愈高，联系的人愈多，那么，他对别人就愈有支配权，他的每一行为的预先注定和不可避免就愈明显。（《战争与和平》）

每个人生活着并不仅仅为了自己，世界上的每个人所做的事汇集而成的总和就是某个时期的历史。每个人的历史都由自己创造，而每个普通人也在不经意间创造着所生活的时代的历史。

人生无大事

独身的时候，他看见别人的婚后生活，看到他们的琐屑的忧虑、争吵、嫉妒的时候，他往往只是在心里轻蔑地讥笑。在他未来的夫妻生活中，他相信绝不会有这种事情；就连他的结婚生活的外表形式，在他想来，也准会和别人的生活完全不同。可是出乎意外，他和他妻子的生活不但没有独树一格，而且，恰好相反，完全是由他以前那么轻视的极其琐碎的小事构成的，而现在，那些小事，违反他的意愿，却具有了异乎寻常的、无可争辩的重要性。

列文看到要把所有这些琐事安顿好，完全不像他以前想象得那么容易。（《安娜·卡列尼娜》）

生活本来就是由无数琐碎的小事组成的，你可以为此烦恼，也可以尝试着从中发现温暖的小幸福。比如孩子留在你衣服上的口水，妈妈叮嘱你好好吃饭的唠叨……

发现自然之美

尽管好几十万人聚集在一块不大的地方，而且千方百计把他们居住的那块土地毁坏得面目全非，尽管他们把石头砸进地里，害得任什么植物都休想长出地面；尽管出土的小草一概清除干净；尽管煤炭和石油燃烧得烟雾弥漫；尽管树木伐光，鸟兽赶尽，可是甚至在这样的城市，春天也仍然是春天。太阳照暖大地，青草在一切没有除根的地方死而复生，不但在林荫路的草地上长出来，而且从石板的夹缝里往外钻，到处绿油油的。……寒鸦、麻雀、鸽子像每年春天那样已经在欢乐地搭窝，苍蝇让阳光晒暖，沿着墙边嗡嗡地飞。植物也罢，鸟雀也罢，昆虫也罢，儿童也罢，一律兴高采烈。唯独人，成年的大人，却无休无止地欺骗自己而且欺骗别人，折磨自己而且折磨别人。人们认为神圣而重要的并不是这个春天的早晨，也不是上帝为造福众生而赐下的这个世界的美丽，那种使人趋于和平、协调、相爱的美丽；人们认为神圣而重要的却是他们硬想出来借以统治别人的种种办法。（《复活》）

“凡人在世，俗务羁身，有终身不能脱，不想脱者。由是耳目濡染愈深，胸怀愈隘，而人品愈卑。有时看看庄子，是好的。接近大自然，是更好的。”（林语堂《记钓鱼》）停下匆匆的脚步，享受这一刻大自然的美丽吧。

心灵的安慰比药物更有效果

一个人在痛苦的时候，就会有减轻痛苦的需要、同情和行动的需要，于是他们就来满足这种人类永恒的需要。满足这种人类永恒的需要——在儿童身上则表现为最原始的形式——抚摩一下碰痛的地方。小孩磕着碰着，立刻投到母亲或者保姆怀里，要人吻吻和揉揉疼痛的地方，大人给他揉揉或者吻吻疼痛的地方，他就觉得轻松些。儿童不相信家里最有力、最聪明的人会没有办法消除他的疼痛。于是，减轻痛苦的希望，当母亲抚摩他的肿处时表示的同情，就给了他安慰。（《战争与和平》）

当朋友、家人生病或者心里难受时，也许你会觉得自己无能为力。但其实，哪怕只是轻轻地拍拍背，或者亲切地问候几句，就会给他们以宽慰。在生活的痛苦面前，任何人都还是个孩子。

不要急着责备

通常人们总是认为盗贼、凶手、暗探、妓女必定承认自己的行业很坏，引以为耻。实际上完全相反。凡是由于命运或者由于本身的过失和错误落到某种地位上的人，不论他们的地位多么不正当，却总会对一般生活形成一种足以使得他们的地位在自己心目中显得又好又正当的看法。为了保持这样的看法，这种人总是本能地依附那种承认他们对生活所形成的概念，承认他们对自己的生活地位所形成的概念的人。每逢事情涉及盗贼夸耀他们的本领，妓女夸耀她们的淫荡，凶手夸耀他们的残忍，这样的事情就总会使得我们感到惊讶。然而，这所以会使得我们感到惊讶，无非是因为那些人的生活圈子和生活气氛局限在狭小的范围里，而且主要的是因为我们处在局外罢了。（《复活》）

“可怜之人必有可恨之处，可恨之人必有可悲之苦。”别急着责备，先试着理解，也许事情从一开始就会美好起来。

人性的复杂

我们谈到一个人，可以说他善良的时候多于凶恶的时候，聪明的时候多于愚蠢的时候，精力充沛的时候多于冷漠疲沓的时候，或者刚好相反。至于我们谈到一个人，说他善良或者聪明，又谈到另一个人，说他凶恶或者愚蠢，那就不对了。然而我们总是这样把人分类。这是不合实情的。人好比河：所有的河里的水都一样，到处都是同一个样子，可是每一条河都是有的地方河身狭窄，有的地方水流湍急；有的地方河身宽阔，有的地方水流缓慢；有的地方河水清澄，有的地方河水冰凉；有的地方河水混浊，有的地方河水暖和。人也是这样。每一个人身上都有一切人性的胚胎，有的时候表现这一些人性，有的时候又表现那一些人性。他常常变得完全不像他自己，同时却又始终是他自己。（《复活》）

人性是非常复杂的一种存在，你无法在一个人身上找到纯粹的善与恶。每个人呱呱落地时都是一样的，只是在后天的发展中选择了不同道路从而形成了不同的价值观和善恶取向。每个人都是天使与魔鬼的交集，往往一闪念之间的选择就决定了你人性中的倾向。但这种倾向性绝不是永恒不变的，它会随着个人以及环境的影响或剧烈或轻微地变化。因此，在认识人性复杂性的同时不可忽视其可变动的可能性。

不要矫枉过正

……因此不但没有人遵守为了不冤屈一个无辜的人而宁可宽恕十个有罪的人的原则，而且正好相反，为了消除一个真正危险的人，宁可利用惩罚来消除十个没有危险的人，犹如为了挖掉腐烂的皮肉，往往不得不连带也把完好的皮肉挖掉一样。（《复活》）

从表面上看，“宁可错杀一千，不可放过一个”的谨小慎微似乎没有太大的错误，但仔细想想，我们为此而必须承担的无谓损失也是不可估量的。笑过了“把孩子和洗澡水一起倒掉”的愚蠢之后，也静下心来想想自己是否犯过矫枉过正的错吧。

人性中的虚伪

“人身上的野兽般的兽性是可憎的，”他想，“然而它以赤裸裸的面目出现的时候，你就会从你的精神生活的高处看清它，藐视它，于是不论你上了它的钩还是顶住了它，结果你还是跟原来一样。不过临到这种兽性蒙着一层虚假的美丽和诗意的外衣出现，要求你崇拜它的时候，你对这种兽性就会敬若神明，分不清好坏，完全上了它的圈套。这才可怕。”

事情很明白：但凡人们认为重要和美好的事物，往往是渺不足道的，或者是卑鄙龌龊的。所有那些耀眼的光辉，所有那些富丽堂皇的外表，往往掩盖着古老的罪行，这些罪行已经为人们司空见惯，不但没有受到惩罚，反而风靡一时，由人们想出种种美化的办法加以粉饰。（《复活》）

真正可怕的不是完全的恶，而是披着羊皮的狼。人类本性中总会存在着一些贪欲和邪恶，是直面内心的阴暗，还是用虚伪的谎言加以粉饰，这是一场自己与自己的较量。

长存爱人之心

对待物品倒可以不必有爱心，砍树、造砖、打铁倒可以——不必有爱心，可是对待人就不能没有爱心，犹如对待蜜蜂不能不多加小心一样。蜜蜂的本性就是如此。假使你对待它们不加小心，你就会伤害它们和你自己。对待人也是这样。况且也不能不是这样，因为人与人之间相互的爱乃是人类生活的基本规律。（《复活》）

与人相处要时常存一颗友爱的心，人与人之间的付出是均等的。你不可能在自己从未付出的情况下要求别人善待你。想要别人善待你，首先你要学会尊重和善待别人。

遵从内心而不过度

凡是人，都是一部分依照自己的思想，一部分依照别人的思想生活和行动的。他们在多大程度上依照自己的思想生活，在多大程度上依照别人的思想生活，这就构成了人与人之间的一个主要区别。有些人，在大多数场合下，总是用自己的思想做智力的游戏，对待自己的理智如同对待一个摘掉了传动带的飞轮似的，因而他们在行动中总是顺应别人的思想，顺应风俗、传统、法律。有的人却认为自己的思想就是自己一切活动的主要推动力，几乎永远倾听自己的理智的要求，顺应这种要求；只有偶尔，而且是在经过批判的衡量以后，才遵照别人所决定的意见行动。西蒙松就是这样的人。他对一切事情都用他的理智来检查和决定，而且一旦做出决定，就一定照着去做。（《复活》）

凡事都要有一个限度。固执地遵从内心和完全地听信他人都是不可取的。在坚持和倾听之间寻找平衡点，是每个人都需要修炼的功力。

理智派与乐天派

在危险迫近时，人的灵魂里常常有两个同样有力的声音：一个声音很理智地叫人考虑危险的性质和避免危险的方法；另一个声音更理智地说，既然预见一切和躲避事件的必然发展不是人力所能做到的，就不必白费气力和自寻烦恼去考虑危险了，最好在苦难未到来之前不去想它，只想愉快的事。（《战争与和平》）

这两种声音分别代表了两种不同的世界观，一种可以称为防微杜渐，一种可以称为随遇而安。

如何看待虚荣心

虚荣、虚荣，到处都是虚荣——甚至在行将就木的人和准备为了崇高的信念慷慨捐躯的人中间，也有虚荣。虚荣，它大概是我们这个时代的典型特征和特种疾病。为什么在从前的人们之间就不曾听说过这种宛如天花和霍乱的恶癖呢？为什么在我们的时代里只有三种人：一种是把虚荣的开始当作必然存在的事实，因此它就是正确的，因而自愿屈从于它；另一种是把它当作不幸而又无法克服的条件的人；第三种是不知不觉地在它的影响之下盲从地行动的人。（《一八五五年八月的塞瓦斯托波尔》）

好虚荣的人不懂得真正的快乐、痛苦、爱情、恐惧、绝望、仇恨，一切都是不自然的、勉强的。虚荣心是一种未成熟的好名心，一种转移到他人的看法中去的自爱——爱的不是自己的本来面目，而是自己在别人眼里的形象。（《日记》）

虚荣带来的往往是攀比和谎言。它们可能为你带来一时的舒适和满足，但更会留下一世的焦虑和空虚。

享受压力

皮埃尔觉得，行刑时曾经使他惊慌失措的、在俘虏期间不再觉察到的命运的力量，现在又掌握住他的生存了。他不寒而栗；但是他觉得，随着命运力量对他压力的增大，那不受命运约束的他灵魂中的生命力就越发增长和巩固。（《战争与和平》）

喷水池中的水承受重压，喷射出朵朵银花；温水中的青蛙安逸享受，却在慢慢耗尽生命。享受压力，品味困境，我们的生命才会绽放得更美。

耐心与时机的重要性

他知道，苹果还青的时候，不要去摘它。熟了的时候，它自然会掉下来，而摘下青的，既毁了苹果又毁了树，而且还酸掉你的牙。（《战争与和平》）

做事最需要的是耐心，特别是对心浮气躁的年轻人而言。另外，时机也很重要，这往往决定着成败。应当用足够的耐心来静候时机，并在这段时间里做充分的准备，以求时机成熟之时，一击即中。

人的潜能超乎想象

皮埃尔现在才懂得一个人所具有的全部生命力以及人身上潜在的那种转移注意力的自救力量，它就像锅炉上的安全阀门，只要蒸气的密度超过一定的限度，它就把多余的蒸气放出去。（《战争与和平》）

戴尔·卡耐基曾说：“一个人的潜能就像蒸汽，其形其势无拘无束，谁也无法用固定形状的瓶子来盛装它，而要充分发挥这种潜能，就必须要有坚强的自信心。”（《人性的弱点》）人的潜能超乎想象，而自信是打开潜能宝藏的金钥匙。

难得糊涂

“你是始终如一的。这是你的优点，也是你的缺陷。你有始终如一的性格，你要整个生活也是始终如一，但事实绝不是这样。你轻视公务，因为你希望工作永远和目的完全相符，而事实绝不是这样。你还要每个人的活动都有明确的目的，恋爱和家庭生活始终统一，而事实绝不是这样。人生的一切变化，一切魅力，一切美都是由光和影构成的。”（《安娜·卡列尼娜》）

“聪明难，糊涂难，由聪明而转入糊涂更难。”（清·郑板桥）我们可以严格要求自己，但对其他人和事，则“难得糊涂”。所谓“严于律己，宽以待人”，幸福就会来得简单得多。

自由在空间与时间维度上的不可能性

不论我们怎样想象一个人如何不受外部世界的影响，我们永远得不到在空间上自由的概念。人的任何一个行动都不可避免地受他自己的身体和他周围的事物的制约……我们对人类生活所知道的一切，不过是自由和必然的一定关系，也就是意识和理性法则的关系。

我们对外部自然界所知道的一切，不过是自然力和必然性的一定关系，或生活的实质和理性法则的一定关系。（《战争与和平》）

自由从来都是相对的而不是绝对的，它受到时间、空间、法律等种种因素的限制。但更重要的是，“一个公民的自由是以另一个公民的自由为界限的”（《法国国民公会宣言》）。

精神创伤只能靠自己治愈

由于精神的崩溃而造成的内心创伤，不管看来多么奇怪，完全像肉体的创伤一样，在逐渐地愈合。很深的伤口长好了，合口了，但是治好精神创伤和肉体创伤都要依靠发自内在的生命力。（《战争与和平》）

同肉体上的伤口相比，精神创伤不能指望医生，只能靠自己顽强的生命力来医治。所以，心中长存对生命的热爱，才是健康快乐生活的关键。

真正的一无所有是连斗志也失去了

但是当我们观看在被捣毁的洞穴周围爬满了蚂蚁的时候，洞穴虽然彻底破坏了，但是从挖洞的昆虫那股子坚韧不拔的劲头和数量的众多可以看出，除了被毁掉的一切，那构成蚁穴力量的坚不可摧的、非物质的东西依然存在。莫斯科也是这样，十月间，虽然没有官府，没有教堂，没有神圣的东西，没有财富，没有房屋，但是依然是八月间的那个莫斯科。一切都毁掉了，但那非物质的、然而却是强有力的、坚不可摧的东西依然存在。（《战争与和平》）

有时候连自己也无法想象我们的意志和信念的力量有多大。当我们感到一无所有时，请自问是否还有信念，是否还有斗志，如果连这也失去了，那才是真的一无所有。

倾听是一门学问

现在他对娜塔莎讲这一切的时候，他尝到女人在听男人说话时给人以少有的快乐，愚笨的女人在听人家说话时，极力把人家的话记住以充实自己的头脑，一有机会就学舌一番，或者把听来的东西配合自己的想法，然后把那些在她们有限的头脑里想出的聪明的言词赶快告诉别人；而现在所享受的快乐，却是真正的女人所给予的，这种女人善于采撷和吸收那只有男人才有的一切美好的东西。（《战争与和平》）

学会倾听是一门非常重要的学问。倾诉者有时所需要的不是你的回应，而只是一个愿意耐心听他们诉说的优秀的倾听者，对他们的想法表示理解，对他们的诉说点头称道。不需要很多对话，一个理解的目光或者会意的微笑都能使人感到幸福。

人的特性

物质世界受生存竞争法则的支配，我们是物质，也受这法则的支配。但是除了我们的物质存在而外，我们还意识到自己身上有另一种本源，即不仅独立于竞争法则，而且与之对立的爱的本源。这种本源在我们身上的表现就是我们所说的意志自由。（《日记》）

人是一种有着七情六欲的实体存在，同时也具有理性和对自由的强烈渴望，在受着自然法则的约束的同时又具有思辨的自由。由此而产生的现实就是：人面对有限性的生命却可以有相对无限自由的意识，这正是人类的特征。

不要只是看到别人的过失而忽视检讨自我

至于真正有精神病的人，毫无疑问，正是那些只看到别人身上有疯狂的症状，却看不出自己有这种症状的人。（《魔鬼》）

子曰："见贤思齐焉，见不贤而内自省也。"（《论语·里仁》）这不仅需要对"贤"和"不贤"有明确的判断，更要对自身有清醒的认识，然后才能有所进步。

道德应比法律更具有约束性

在法律面前人人平等吗？难道人的整个一生是在法律的范围内度过的吗？其实，属于法律以内的，只不过是生活中的千分之一的部分，其余部分是在法律以外，在社会的风尚和见解的范围内度过的。（《霍尔斯托梅尔》）

道德总是比法律更贴近生活，更有温度。如果有一天，每一条积极的道德要求都需要用冰冷的法律来规范的话，那将是人类最悲哀的时刻。

人的恶习与美德

人有两个万恶之源：游手好闲和迷信；人的美德也有两个：活动和智慧。（《战争与和平》）

恶的根源是懒惰。因为贪图安逸享乐，缺乏人生目标，才会游手好闲；因为缺乏解决问题的智慧，才会把生活的困难交给一个虚无的神像。每个人与生俱来的智力水平相差无几，但智慧是可以通过后天努力养成的。克服懒惰，走出安逸，广交友，多思考，做一个智慧的人吧。

无条件地爱父母，像他们无条件地爱我们一样

> 啊，亲爱的朋友，我请求您永远不要谈论父亲的心情吧。我不许自己评论他，我也不希望别人这样做。（《战争与和平》）

无需对父母的对错妄加评论，因为任何事情都不能成为我们停止爱父母的理由，就像他们从来不会停止对我们的爱一样。

人生需要规划和总结

在即将远行和改变生活方式的时刻，善于反省的人总怀着一种严肃的心情。每逢这样的时刻，人们通常需要检查过去和计划未来。（《战争与和平》）

善于不断总结自己并清楚自己目标的人总能在人生的路上遇到通向成功的机遇。人的一生不可能一成不变，在不同人生阶段所面对的是不同的问题，当人生从一个阶段走向另一个阶段时，一味地勇往直前和畏缩不前都是不对的。我们需要整理好自己的过去，带着生活馈赠的经验，更加笃定地奔向未来。完全抛弃过去的人，他的将来将充满不稳定因素。而完全沉溺于过去的人又是没有将来的。所以人生的路怎样走，你是否已经准备好了呢？

培养自信

一个没有自信的人初次跟人见面要是沉默不语，同时又觉得沉默是不礼貌的，想找话说，那么效果一定不会好。（《战争与和平》）

自信是一种重要的品质，需要经过长时间锻炼才能养成。要做到自信首先应当了解自己，清楚自己的优缺点；其次要乐观积极，抬起头挺起胸，从内心和形体姿态上纠正自己。同时也要学会在不同场合如何说话，与不同人如何打交道。注意了这些之后相信你一定可以变得自信，不会出现因为不自信而产生的尴尬。

真诚地赞赏别人

“然而，胜过一切人，这才是我所珍爱和重视的，我重视那个正在我上头雾霭中游荡的神秘力量和荣誉！”安德烈公爵想。（《战争与和平》）

每个人都渴望被赞赏和肯定。所以，请记住一条待人处世的重要技巧：“看到别人的优点，请真心诚意地赞赏他。”（卡耐基《人性的弱点》）

内心的修为比科学知识更重要

“最高智慧不是仅指建立在理智上面，也不是建立在世俗的科学——物理、历史、化学等等这些靠智力所取得的知识上面。最高智慧只有一个。最高智慧只有一种科学——包罗万象的科学。阐明整个宇宙以及人生在其中所占地位的科学。人要想把这种科学据为己有，必须洗清和革新他的内心，因此，首先不是要知道，而是要皈依和进行自我修养。为了达到这些目的，我们灵魂中有上帝的光，即所谓良心。”（《战争与和平》）

有才无德之人最可怕。所以，不论是家庭教育、学校教育，还是自我学习，成长路上，让心灵先行吧！

常回头看看

“用精神的眼睛看看自己的内心吧，反躬自问您满意不满意您自己吧。您单凭智力得到了什么？您算什么？您年轻，您有钱，您聪明，您受过教育，先生。您利用这一切恩赐做过什么？您满意自己和自己的生活吗？”（《战争与和平》）

谁不怕死，一切都属于他。不经历一番忧患，人就不知道自己的局限，就不认识自己。最难的是（皮埃尔在梦中继续想或者听）善于在自己的灵魂中把一切事物的意义联合起来。“把一切联合起来？”皮埃尔自言自语，“不，不是联合。不能把思想联合起来，而是把这一切思想结合起来——这才是必须做到的！是的，得结合起来！得结合起来！”（《战争与和平》）

忙碌的现代人也许根本没有时间停下来和内心对话。但是，不经常回头看看自己走过的路，又怎么知道匆匆前行的方向是否正确呢？

历史的规律

人类的聪明才智不理解运动的绝对连续性。人类只有在他从某种运动中任意抽出若干单位来进行考察时，才逐渐理解这一点。但是，正由于把连续的运动任意分成不连续的单位，从而产生了人类大部分的错误。

由人类无数的肆意行为组成的人类运动，是连续不断的。了解这一运动的规律，是史学的目的。但是，为了了解不断运动着的人们肆意行动的总和的规律，人类的智力把连续的运动任意分成若干单位。只有采取无限小的观察单位——历史的微分，也就是人的共同倾向，并且运用积分的方法（就是得出这些无限小的总和），我们才有希望了解历史的规律。（《战争与和平》）

历史就像一个往前运动的车轮，是一种延续性的运动。所有事件之间都存在着某种联系，必须深入其中的细小处才能发现其中的隐秘，才能找到历史发展的规律。

觉醒吧，勇敢面对现实

自那天开始，安德烈公爵在睡醒的同时，也从人的一生中醒来。他觉得人生的觉醒对人的一生来说，并不比一觉醒来对睡梦来说，来得更漫长。（《战争与和平》）

多少人都沉睡在美梦中，因为他们无法面对现实，无法将自己置身在真实中。所以自欺欺人，让自己相信眼前的不是真的，以便退回到自己的梦境中。但是黄粱美梦总有醒来的时候，如果醒来得太迟，也许只有无限的追悔等待你了。还在睡梦中的人，快点苏醒吧，勇敢面对现实。

跳出经验的束缚，开拓新境界

但是存在着支配各种事件的各种法则，其中有些是不知的，有些是已经被我们摸索出来的。只有当我们完全摒弃在某个人的意志中寻找原因的时候，才可能发现这些法则，正如人们要摒弃那些有关地球的一切成见，才可能发现行星运动的法则一样。（《战争与和平》）

经验对于我们而言固然是重要的，但是所谓经验也会成为发现新事物的绊脚石。太多的规则会缚住手脚，使人难以发挥想象力。有时抛弃原有的知识，跳出框架，也许可以发现一个全新的世界。

用辩证的眼光看待文明

人们称之为文明的东西是人类的成长。成长是必然的，不能说它好或者不好。成长是实实在在的，生命便寓于成长之中，就像树木的成长一样。然而一段树枝，或者在一段树枝里生长的生命力如果吸去全部生长力，那就不对了，有害了。（《日记》）

人类的成长形成了文明，文明是人类成长的见证。所以文明史不能被完全否定，只是我们应当以批判的眼光来看待文明。一个人的成长过程中不可能都是美好，文明也是同样道理。

构建合理的知识结构

谈到知识，重要的不是知识的多寡，甚至也不是它们的准确性如何（因为完全准确的知识现在没有，将来也绝不会有），而是它们的合理的内在联系，即知识应能从一切方面阐明世界。这有点像建筑物的情况。建筑物有富丽堂皇的，有简陋的，如冬宫和草舍。但不管哪种建筑，一定要能从四面遮蔽风雨，让人冬夏都能住，才是合理的建筑。（《日记》）

学习不要过分强调专业性。如果一个学习文科的人对理工科知识一窍不通，就好比一个房子有四面墙，一面非常厚实，可是其他三面基本没有什么材料支撑。所以无论有多么深厚的专业知识，对于其他方面的知识也应当广泛涉猎，这样才能构成比较合理的知识结构，这对个人的长远发展也是非常有益的。

做一个有信念的人

“世界上有各式各样的宗教信仰，都是因为人相信别人而不相信自己。过去我也是相信别人的，结果就迷了方向，好比到了原始森林里一样。我简直晕头转向，心里料想着再也走不出去了。有信旧教的，有信新教的，有信安息会的，有信鞭身派的，有信教堂派的，有信非教堂派的，有信奥地利教派的，有信莫罗勘教派的，有信阉割派的：各种信仰都夸自己好。其实他们都是在地上乱爬一气，好比瞎了眼的‘库佳塔（小狗）’。信仰有许多种，灵魂却只有一种。你也有，我也有，他也有。那么各人只要相信各人的灵魂，大家就会联合起来。人人都保住自己的原来面目，大家就合成一个人了。”（《复活》）

并不是说宗教信仰是无用的或不对的，只是应当明白无论选择了什么信仰，最重要的都是相信自己。只有如此，才能享受信仰带来的安宁和笃定。

信仰不是空话

信仰是得信仰，没有信仰不行。但是不能信仰别人对我说的话，而是信仰通过本人思想进程，通过自己的理智得到的信仰……信仰上帝，信仰真正的永恒生命。（《光在黑暗中发亮》）

真正有信仰的人，不是那些仅仅能够背出很多教条的人，而是能够把其中的道理通过实践融入生活的人。

最伟大的真理往往最简单

他遇到的是这样一种情形：某一个思想，起初在他的心目中无非是一句怪话，一种似是而非的想法，甚至像是一句笑谈，不料屡屡在生活里得到证实，于是后来，突然之间，他领会到这个思想其实是最简单、最无可怀疑的真理。（《复活》）

真理往往是朴素的，就蕴藏在我们简单的生活里。所谓生活出真知，懂生活，就能明真理。

真理站在表象背后

因此，知道真理的不是眼睛瞧着脚下的人，而是根据太阳知道往哪里走的人。（《劝善故事集·序》）

当你看到别人怎样对待你时，千万不要认为所看到的就是一切。你用眼睛看到的只是表象，隐藏在表象之下的才是实质——别人的态度取决于你能给他们带来什么。

以德服人

上天赋予我们良知也是为了让我们看得见，社会制度不是靠暴力而是靠从善维持的。（《光在黑暗中发亮》）

孟子曰："以力服人者，非心服也，力不赡也；以德服人者，中心悦而诚服也。"

以德服人，方能让人心服口服。

第二章

生死的困惑

最使我们不解的莫过于生命的奥秘。古今中外的哲人、思想家、艺术家无不在探索这个永恒的话题。

人的一生要经历生老病死、贪恋嗔痴，每个人被父母带到这个世界，而又被迫离开，这一切究竟是为了什么？这样的想法很容易使人产生强烈的虚无感。但我们并不能因为这种无法言喻的虚无和恐惧而放弃人生，放弃为自己的人生创造价值的努力。

我们应当对生命心存感激和敬畏。要明白活着就是天赐的福气，更大的幸福则需要我们用自己的努力去创造。正如托尔斯泰所讲："人生不是玩笑，而是一件伟大、庄严的事。生永远应该像死那样严肃、庄严。"不要去过多思考死了之后会怎样，应当多想想怎样才能更好地度过活着的每一天。"好好活着便是好好死去"，生得努力，方能死得坦然。

生命的意义

我们的生命就在于实现这一规律，使自己的动物性从属于理性的规律，以便获得幸福。不懂得幸福和我们的生命在于使动物人从属于理性的规律，把幸福和动物人的生存当作我们的全部生命，并拒绝承担赋予我们的生命的工作，那么我们就会丧失真正的幸福和真正的生命，代之以眼前看得见的动物人的存在，这种存在不依赖我们自行实现，因此不能成为我们的生命。

生命是服从理性法则的动物人的活动。理性就是动物人为了自己的幸福应该服从的规律。爱则是人的唯一的理性活动。（《论生命》）

人之所以为高级动物，是因为人类具备一般动物所不具备的理性约束。在理性规律允许的范围内，去思考，去领悟，去探索，去寻找幸福，这，就是生命的意义。

死亡无法治愈绝望

不应该说，人生就是经受种种试探，死亡才是使我们脱离苦海的福气。这话既不能在我们失去亲朋好友的时候安慰我们，也算不上道德教诲。……作为道德教诲，这种思想对于年轻人的心灵是过于沉重了，只会动摇他们对善的信心。（《日记》）

每当绝望从一个人的内心升腾而出时，想要自杀的想法往往也会随之产生。在这样的心理下，似乎死亡是解决一切问题的办法，但这恰恰是最无济于事的方法。人生是在不断的挫折与成长中度过的，正是有了这些经历才能够有所收获。生存就意味着要时刻面对各种问题，没有什么比死亡更使人绝望，死亡是无法治愈绝望的，勇敢的成长才能。

死亡无可畏惧

当人把自己的动物肉体存在的规律看作自己生命的规律的时候，他就会看到以死亡和痛苦的形式表现出来的恶。只有当人降低到动物的水平的时候，他才会看到死亡和痛苦。死亡和痛苦，像一群吓人的东西从四面八方向他袭来，把他赶到一条为他开启的、服从理性规律、表现在爱中的人生道路上去。死亡和痛苦只是人违背自己的生命规律的行为。对于遵照自己的规律生活的人来讲，既没有死亡，也没有痛苦。肉体的死亡消灭了属于空间的躯体和属于时间的意识，但是不能消灭构成生命基础的东西，不能消灭每一个存在物对待世界的特有的态度。（《论生命》）

我们时常恐惧的死亡是肉体的死亡，但是一个人生命的真正开端并不是生物性的出生，而是理智的开蒙。有的人从未开蒙过，就犹如未到过这个世界一样，对于这类人而言，死亡和出生都是单纯生物性的，肉体的死亡即意味着从这个世界完全消失。而对真正体验了精神开蒙并且慢慢成熟起来的人而言，死亡只是一种过程而不是结果。

所谓回忆

当你努力追忆一个亲人的容貌时，总有许许多多往事一齐涌上心头，要透过这些回忆来看它，就像透过泪眼看它一样，总是模糊不清。这是想象的眼泪。（《童年》）

构成回忆的并不是某几个人，而是你和他们一起经历过的大大小小的事。即使有一天，你不再记得他们的容貌，但那些故事里的快乐和悲伤依然足以让你流泪。

死亡是公平的

他在黑暗中坐在床上，蜷缩着身体，抱着两膝，由于思想紧张而屏息静气，他在沉思。但他越是紧张地思考，就越看得明白：无疑是这么回事，实际上他在人生中遗忘了和忽视了一个小小的情况——就是，死会到来，一切都会完结，没有什么事值得开头，反正是毫无办法。是的，这是可怕的，但事实就是这么回事。（《安娜·卡列尼娜》）

死亡并不会因为谁的身份特殊而对其有特殊照顾，它对每个人都是公平的。作为普通人，我们应当努力过好每一天，不让光阴虚度，只为当死亡真正来临的时候，少发出一些遗憾的感叹。

生与死皆平常

他只知道和感觉到现在发生的，和一年前在省城的旅馆里在他哥哥尼古拉临死的病床前所发生的情况很相似。不同的是那是丧事而这是喜事。但是那件丧事和这件喜事一样，都越出了生活常轨。这些正像日常生活里的孔隙，透过这些孔隙隐隐约约露出了一种崇高的境界。（《安娜·卡列尼娜》）

从那一声嘹亮的啼哭走向终将消失的宿命，这是每个人都必须经历的。对生命，我们应当心存敬畏，因为每个人都有属于自己的精彩；对生死，则无需过度担忧，因为这是每个人都会经历的过程。

死亡是再自然不过的事情

昨夜身体很不好，然而体验到一种期待死亡、并不想死而又丝毫不抗拒死的非常愉快的感觉。我对死的态度同我对任何自然的、合理的行为或事件的态度一样。（《日记》）

死亡是自然法则中的一条，过度地看重它源于对生的贪恋。一旦将它同自然一样看作一种自然规律，内心便会坦然。

佛家有语："所行非常，谓兴衰法，夫生辄死，此灭为乐。譬如陶家，埏埴作器，一切要坏；人命亦然。如河驶流，往而不返；人命如是，逝者不还。"死亡就像陶器损坏、河水流逝一样，是再自然不过，也无法改变的事情，坦然面对就好。

活好当下

如同动物界和植物界任何东西也不会消灭，而是经常从一种形式变换为另一种形式，粪肥变成麦粒，麦粒变成母鸡，蝌蚪变成青蛙，青虫变成蝴蝶，橡实变成橡树一样，人也不会消灭，只不过发生变化罢了。他相信这一点，所以永远精神饱满，甚至高高兴兴地面对死亡，坚定地忍受种种导致死亡的痛苦，然而他不喜欢谈，也不善于谈这种事。他喜欢工作，老是忙于实际，而且推动他的同志们也致力于实际事务。（《复活》）

消除对死亡的畏惧，才能活出精彩的当下。

生命高于一切

“荣誉，社会福利，对女人的爱情，甚至祖国——我过去觉得这些图景是多么壮丽，蕴藏着多么深刻的思想！而在今朝（我觉得它是为我降临的）寒冷的白光下，这一切却如此简单、苍白和粗糙。”（《战争与和平》）

往往当生命遭遇到危险时，人们才能恍然大悟，感觉到自己付出一切所追求的荣誉、爱情、金钱是那样虚无缥缈。试想当自身都不复存在了，还需要这些做什么呢。但可惜的是，大部分人都只有在危急时刻或者生命最后的时光才能领悟到这一点，对于大部分人来说，这已经太迟了。

死亡教会我们的

这时我才明白，为什么会发出那种和神香的味道混合在一块、充满大厅的强烈而难闻的气味。我一想到那张几天前还那么美丽、那么温柔的面孔，我在世界上最爱的人的面孔竟会引起恐怖，仿佛使我第一次明白了沉痛的真理，使我心里充满了绝望。（《童年》）

从嗅觉的角度接触到死亡是一件很恐怖的事，那种腐朽的气味带来的是死亡的阴冷。出于对死者的情感我们不愿离去，但是带着对死亡的厌恶和恐惧，又极力想逃避。如果一定要说说死亡的“好话”，那应该就是它会教给我们坚强和珍惜。

眼泪不是走出伤痛的最好方法

他的举止一点也不像母亲死后来看我们的邻居那样：他们认为待在我们家就必须保持沉默和流泪；恰恰相反，他有说有笑，快快活活，而且一句话也没有提到母亲，以致这种冷漠起初使我觉得奇怪，而且就这么一位亲近的人来说，甚至是不礼貌的。可是后来我明白了，这并不是冷漠，而是真诚，为了这一点我十分感激他。（《家庭幸福》）

“阮籍遭母丧，在晋文王坐进酒肉。司隶何曾亦在坐，曰：‘明公方以孝治天下，而阮籍以重丧显于公坐饮酒食肉，宜流之海外，以正风教。’文王曰：‘嗣宗毁顿如此，君不能共忧之，何谓！且有疾而饮酒食肉，固丧礼也！’籍饮啖不辍，神色自若。”（《世说新语》）为母居丧是中国传统孝道中很重要的一部分。阮籍的大吃大喝并不代表他不悲伤，只是与其茶饭不思，悲痛欲绝，倒不如心怀对母亲的怀念和爱，更好地生活。

如何面对死亡

死，一切都归于完结，不是今天就是明天就要降临的死，比起永恒来，只不过是瞬间的经历罢了。

要时刻想着死亡，努力做到使自己觉得死亡不再是可怕的敌人，而是朋友……它能把因修德而疲倦的灵魂从灾难的现世生活中解脱出来，把它引入幸福和安宁的境界。（《战争与和平》）

很少有人能够豁达到勇敢地面对死亡。但如果将生命与浩瀚的宇宙相比，把人生和漫长的历史相比，你就会发现生命是那么的短暂，死亡也是那么的平常了。

我们为什么惧怕死亡

当他走进病房的时候，他的眼睛和注意力不知不觉地就模糊了，他看不见，也辨别不出他哥哥的状态的详细情形。他嗅到可怕的臭气，看到污秽、杂乱和痛苦的状态，听到呻吟，但是感觉到毫无办法。他根本没有想到要探究病人详细的病情，考虑一下那身体在被子下面是怎样躺着的，那消瘦的小腿、腰和背脊是怎样缩成一团，是否可以稍微躺得舒服一点，有没有办法使他即使不能好一些，至少不要太难受了。一想到这一切细节的时候，他的背上就掠过一阵寒战。他深信不疑再也无法延长他哥哥的生命，或是减轻他的痛苦了。（《安娜·卡列尼娜》）

就像一个被拉去行刑的囚犯，明明知道即将死去，但是他还向周围观看，扶正没戴好的帽子，莫斯科也是这样，仍然不自觉地过着通常的生活，虽然知道毁灭的时限临近，到时候一切已经习惯了的生活常规都要遭到彻底破坏。（《战争与和平》）

不熟悉的病房，亲人脸上不熟悉的表情，再也不能继续的生活……陌生的场景和对未来的一无所知让人感到恐惧。佛家则认为，“贪欲”是普罗大众畏惧死亡的原因。不愿放下一辈子的积攒和未来可能享受到的快乐，所以才会因死亡而痛苦，为肉体的消失而恐惧。

恐惧死亡不如笑对人生

以前他害怕生命的终结。他有两次体验到那种非常令人痛苦的死——生命的终结的恐怖，而现在已经不理解那种体验了。

第一次体验到这种感觉，是当榴弹在他面前像陀螺似的打转，他望着收割后的田地，望着灌木林和天空，知道他正面对着死亡的时候。当他在受伤后醒过来，在他的心灵中，仿佛从生活的重压中解放出来一般，那朵永恒的、自由的、不受现实生活影响的爱之花，一瞬间怒放了的时候，他已经不怕死了，也不去想死了。（《战争与和平》）

死亡对于个人而言是残酷的。这个世界还是原来的世界，可是自己却已经消失在了苍穹之下，想象一下就会不寒而栗。这种恐惧是可以理解的，但如果每天都在死亡的担忧和恐惧中度过，则势必让鲜活的生命不再精彩。所以，明知躲不开死亡，何不把每一天都当作最后一天来积极面对，真到了离开人世的那一天，你也许会笑着和死神交谈。

人在垂死时，总会对生报以无限的期望

他的大眼睛紧盯着摆在铺了彩色桌布的小桌上的圣像，在他的眼神里表露出这样热烈的祈求和希望，列文看着都觉得害怕。列文知道这种热烈的祈求和希望只会使他在和他所那么热爱的生命分离的时候感觉更痛苦。（《安娜·卡列尼娜》）

人生充满着矛盾和复杂性。生活的痛苦会让有些人产生结束生命的冲动，而当人感受到生命在慢慢流逝的时候，又会不自觉地产生对生命的渴望。不论怎样，都请好好珍惜生命吧，活着总是有无限的可能。

人的痛苦源自贪欲

> 在他心中很明显地起了这样的变化，使他把死看作他的愿望的满足，看作一种幸福。以前，由痛苦或匮乏，如同饥饿、疲劳、口渴等等所引起的每个欲望，都被某种给予快感的肉体上的机能所满足了；可是现在，这些匮乏和痛苦却没有得到解脱，而想要解脱的企图反而引起了新的痛苦。因此，一切愿望都沉没在一个愿望里面：就是解脱一切痛苦和痛苦的根源——肉体。（《安娜·卡列尼娜》）

佛教是否定肉身的，肉身是贪欲的象征。放下对荣华富贵的贪欲，回归最本真的生活，才能发现生活的简单和快乐。

爱可以拯救绝望

……由于死的不可思议、死的接近和不可避免而引起的恐怖心情又在列文心中复活了。现在这种心情甚至比以前更强烈了；他感到比以前更不能理解死的意义了，而死的不可避免在他眼前也显得比以前更可怕了；但是现在幸亏他妻子在，这种心情没有使他陷于绝望；尽管有死这个事实，他还是感到不能不活着，不能不爱。他感到是爱把他从绝望中拯救了出来，而这爱，在绝望的威胁之下，变得更强烈更纯洁了。（《安娜·卡列尼娜》）

有时我们可能会不可避免地面对死亡带来的恐惧和绝望。但如果做这样一道算术题，就会得到些许宽慰：把绝望和恐惧放在不等式的左边，把父母的爱、朋友的爱、恋人的爱以及自己对他们的爱和对自己的爱放在右边，你会发现右边明显大于左边。相对于死亡带来的绝望，爱所给予的希望和力量完全可以使我们重拾直面绝望的勇气。

死亡也是另一种开始

死，在不信教的人是存在的，对于他却并不存在，而且，因为他具有完整无缺的信仰，而自己又是那信仰的裁判者，所以在他的灵魂里没有罪恶，他在这尘世上就已经得到完全的拯救——他并不觉得这些概念里面有什么不可能的、不可想象的地方。（《安娜·卡列尼娜》）

一粒种子落在大地上会变成大树，树叶又会化为泥土，泥土又会滋养新生的植物……大自然的变迁为我们展示了生死轮回的过程，死亡是一种结束，也是一种新的开始。在这样的轮回之中，完全可以认为人类的死亡也是一种新生命的轮回过程。不需要宗教信仰，凭借自己的智慧也可以领悟。

新生命带来的奇妙感觉

突然间，从他过了二十二小时的那个神秘的、可怕的、玄妙的世界里，列文觉得自己即刻就被送到以前的日常世界里，但是这个世界现在闪耀着那样新奇的幸福光辉，以致他都受不了。那些绷紧的弦猛然都断了，一点也没有想到的呜咽和快乐的眼泪涌上他的心头，强烈得使他浑身战栗，以致他好久都说不出话来。

……同时，在床脚，像一盏灯的火花一样，在丽莎韦塔·彼得罗夫娜的灵活的手里闪烁着一个以前并不存在的人的生命：一个具有同样的权利和同样觉得自己很重要，一个会像他一样生活下去和生儿育女的人。（《安娜·卡列尼娜》）

人的成熟可以分成几个阶段，其中为人父母是非常重要的一个转折。当得知这个世界上有一个身上流淌着你的血液，继承了你的样貌的新生命降临的时候，随之产生的惶恐、激动、惊喜、幸福交织在一起的奇妙感觉，会让一个人在瞬间长大、成熟。

如何做到坦然面对死亡

纳塔利娅·萨维什娜被病魔缠磨了两个月，她以真正基督徒的忍耐精神忍受着痛苦，既不抱怨，也不诉苦，仅仅按照她的习惯，不住地呼唤上帝。在临死前一个钟头，她怀着平静的喜悦心情做了忏悔，领了圣餐，举行了临终涂油礼。……她毫无悔恨地离开了人间，她不怕死，把死当作一种天惠。人们常常这么说，但是实际上能这么想的却是多么少啊！纳塔利娅·萨维什娜能够不怕死，是因为她是怀着坚定不移的信念，完成了福音书上的训诫死去的。她一生都怀着纯洁、无私的爱和自我牺牲的精神。（《童年》）

生就是死。好好活着便是好好死去。努力好好死去吧！（《日记》）

保尔·柯察金关于生命的箴言曾影响了一代又一代年轻人。他说："人最宝贵的是生命，生命每人只有一次，人的一生应当这样度过：当他回忆往事的时候，不会因为虚度年华而悔恨；也不会因为碌碌无为而羞愧；当他临死的时候，他能够说：我的整个生命和全部精力，都献给了世界上最壮丽的事业——为人类的解放而斗争。”

站在人生的终点，能够做到心无悔恨和遗憾的话，平和而坦然地面对死亡，也就不是什么难事了。

生得努力，方能死得坦然。

死亡带给生者的痛楚

人看见一只行将死去的动物，他会感到恐怖：一个本质与他相同的东西，眼看着在消灭，再也不存在了。但是如果正在死亡的是人，而且是亲爱的人，那么，在生命的灭亡面前除了有恐怖感之外，还会感到五脏六腑的撕裂和精神的创伤，这种精神的创伤犹如身体的创伤，有时致命，有时痊愈，但是永远疼痛，害怕外界刺激性的触摸。（《战争与和平》）

死亡带给生者更多的是精神创伤，这是一种隐形但无法轻易愈合的伤痛。那之中有对自己束手无策的自责，有感同身受的痛苦，有永失我爱的哀伤。这是一种复杂的心情，我们只能轻轻把这种伤痛放在内心的角落，轻易不去触碰。

“十年生死两茫茫。不思量，自难忘。千里孤坟，无处话凄凉。”（北宋·苏轼《江城子》）在爱妻去世十年之后，想起和亡妻共度的美好时光，苏轼仍会有“相顾无言，惟有泪千行”的痛。亲人的离世，会留给生者永生的痛楚。

你会为什么而死？

我想，人总归要为了什么而死去。既然上帝不叫我为了他的事业而死，那就活该这么愚蠢地、毫无意义地为自己，由于自己而死。好在结束生命很容易。不仅不觉得惋惜，相反，心甘情愿舍弃这恶劣的、屈辱的生活。我特别痛苦和不愉快地想到，为了不损害爱，我完全没有按上帝的旨意行事，没有用生命侍奉上帝，没有分赠家产、离家出走，结果不仅没有得到爱，还不得不目睹使我受辱的疯狂行为。（《日记》）

俗话说："人为财死，鸟为食亡。"但也有匈牙利诗人裴多菲为"自由"甘愿舍弃生命，徐志摩为爱情不惜拿生命冒险。那你呢？你会为什么而舍弃生命呢？

生命在他处发光

我的生命——我对自我存在的意识渐渐减弱，还将继续弱下去，最后衰颓，完全不再有自我存在的意识。与自我的消亡完全同时、完全一致的是，我的生命的产物，我的思想与感情的结果开始生存，而且越来越有力地生存在别人身上，甚至在动物和没有生命的物质身上。我想说，这便是我身后的生命。（《日记》）

活着的时候，如果你用你的爱心感动过一些人，你用你的精神鼓舞过一些人，你用你的思想影响过一些人，那么，即使你的肉体离开了这个世界，你的生命依然会在别人的爱心和思想里无限延续下去。

精神化的生命

我感到死亡越来越近。毫无疑问，随着年岁的增长，我的生命越来越精神化，所有的人大约都是如此。全人类的生命也一样。全部生命、任何生命的实质与意义就在这里，所以我的生命的意义也只在于它的精神化。认识到这一点，并且这样去做，你就会知道，你在做你应该做的事：你本身精神化并以你的生命多多少少促进普遍的精神化，即完善。（《日记》）

随着年龄的增长，我们的肌体会不断萎缩衰老，但精神世界却随着阅历的增加而日渐丰富。这就是生命转化为精神的过程。所以，多与老人交谈吧，他们可以告诉我们很多宝贵的人生经验。

活着就是天赐的福气

不管生命怎样，它是至高无上的福。如果我们说生命是恶，那只是与别的更好的或者想象中的生命比较而言。生命中可能包含恶，但生命本身不可能是恶。福只可能存在于生命之中。因此不能说，没有生命可能是福。（《日记》）

失败时，抱怨没有太多机会；遭遇挫折时，嗟叹人生不公平；与爱情擦肩而过时，感叹没有那个命。可究竟什么才是福呢？如果得到了这所有一切却已濒临死亡，这样的福还有什么意义吗？其实，只要活着就是一种天赐的福气。

精神与肉体间的天平

我长久地寻找一个能说明这个道理的比喻。终于找到一个最简单的比喻：天平的臂。肉体这一端，包括健康状况和在人世间的名望（这也是属于肉体的）越往下坠，越坏，精神那一端便升得越高，人在精神上的感觉也越好。（《日记》）

人的精神和肉体之间存在一种反比关系，当肉体所遭受的磨难和痛苦越多，我们的精神世界反而会越丰富。肉体经历的磨难，练就了人吃苦耐劳、坚忍不拔的强大意志力。古人云“故天将降大任于斯人也，必先苦其心志，劳其筋骨，饿其体肤，空乏其身，行拂乱其所为，所以动心忍性，曾益其所不能”（《孟子》）说的正是这个道理。

生命就是自我的斗争

我身上有两种要素，精神的和肉体的，它们互相斗争着。精神的要素逐渐取得胜利。我通过切身体验认识两种要素的斗争，并称之为我的生命。（《日记》）

肉体会本能地产生欲望，精神则会理智地克制欲望。于是，肉体和精神的斗争就开始了。是肉体战胜精神，或是精神战胜肉体，将把人引向两种不同的人生。

生命力是一种积蓄的力量

生命是均衡地显现出来的，即便我觉得我的生命停住了，而它并未停住，只是在地下潜流，然后又显现出来，它滞留越久，便显现得越加有力。（《日记》）

生命力不总是喷薄爆发的，就像事物的发展必须要经过一定量的累积后才能产生质变一样，生命力也是在生活中慢慢积蓄而成的。

人之将死，其言也善

将死之人的话特别有意义。可是我们时时刻刻都在死亡，老年人尤其明显。让老人记住，他的话可能特别有意义。（《日记》）

人之所以说假话，多是因为有所顾忌或要为自己谋利益。但当生命走向尽头的时候，个人私利已不复存在，人多会回归善良的本真。

生活需要脚踏实地

不仅在生命所在之处没有生命，就连你自己也在开始离开生命，你衰弱了，愚钝了，瓦解了，别人就在你眼前夺去你全部人生幸福之所在的享乐。尽管如此，生命的另一种可能性，另一种东西，一种与人们、与全世界的结合，开始露出微光，有了它，一切欺骗就都成为不可能，什么都不能破坏这另一种东西，它是真实的，永远是美的。但这种东西是不可能有的。这只是沙漠绿洲的幻影，我们知道这种绿洲并不存在，只有一片黄沙。（《〈莫泊桑文集〉序言》）

生命中不可能存在纯粹的幸福和快乐，如果总是期待这种不可能的东西，人生注定只能建立在虚幻的泡沫之上。生活更需要脚踏实地。

生命因为慈悲而美好

如果你为朋友而死，那么对自己对别人都很好。问题不仅在于精神。精神存在于肉体。肉体追求为自己而生，而启蒙的精神追求为上帝、为他人而生。任何人的生活不单是肉体的，而是灵肉调和而成的。越接近为上帝而生就越好。由于我们越努力为上帝而生越好，肉体的生活就会自己为自己努力的。（《光在黑暗中发亮》）

慈悲是一种品格。给他人幸福和快乐，给自己心灵的安宁，利他，亦自利。

人人都有生的权利

以前我活着而不明白我是怎样生活的，不明白我是上帝的儿子，我们大家都是上帝的儿女，都是兄弟。一旦我明白了这一点，明白人人都有平等的生的权利，我的生活发生了天翻地覆的变化。不过现在我无法向您解释这件事。我只想说：以前我是个瞎子，就像我家里人目前都是瞎子一样，现在眼睛亮堂了。因此不能视而不见。看见这一切，我就不能继续这样生活下去了。（《光在黑暗中发亮》）

人人都有过美好生活的权利。怀着“愿一切众生都是喜悦的”心态对待他人，自己也必将收获幸福、快乐的人生。

战争是牺牲他人生命的不义之举

——(微笑着)我正是想尽一个基督徒的义务才不肯当兵。

——您为什么不愿意呢？《圣经》上说："人为朋友舍命。"（参见《圣经·新约·约翰福音》第十五章第十三节）这才是真正的基督徒……

——是的，牺牲性命，但不能要别人的性命。我想的正是牺牲性命。（《光在黑暗中发亮》）

无论战争打着怎样堂皇的理由都无法掩饰其最终摧毁生命的本质。士兵出于义务和责任为国效力无可争议，而需要反思的是碾碎无辜生命的战争机器。

生命就是自我考验的过程

我只需记住，生命的意义就在于侍奉你。我要记住，如果你要我经受考验，那是因为你认为我能经得住考验，我承受得起。否则就不是考验了……（《光在黑暗中发亮》）

人生只有经历足够的历练才能彰显它的厚重和光辉。这个过程离不开一颗勇敢的心，而时间是一辈子。

第三章

青春的箴言

青春就像一场电影，终有散场的时候。走过青春，无限唏嘘那时的人和事时，我们才惊讶地发现，青春是人生中最美的时节。它对于我们的重要性不在于它让我们失去了什么，而在于它让我们懂得了什么。在青春的岁月里，我们大笑过，我们痛哭过，我们拼搏过，我们失败过；青春过后，我们回首那段懵懂的岁月，忽然发现自己长大了许多。

青春之所以难忘，是因为那个时候的我们最真实，最无所畏惧。如果你正当青春，那就好好享受青春的馈赠吧；如果你已走过青春，那就再次回味那激情的跳动吧！

若是认真，就没了游戏

在漫长的冬夜里，我们曾把头巾盖在安乐椅上，拿它当四轮马车。一个人坐在前面当车夫，另一个人在后面当仆人，姑娘们坐在中间，三把椅子当作三匹马，于是我们就出发了。一路上经历了多少好玩的事情啊！那些冬夜过得多么愉快，多么快呀……若是认真，就没有游戏了。（《童年》）

游戏在成年人的世界渐渐失去乐趣和价值的原因在于我们太过认真，天马行空的想象已随着年龄的增长而消失。我们已经无法理解一个七八岁男孩的世界，他可以把自己想象成拯救世界的英雄，同怪兽斗争。但这在我们成年人的眼里就只是想象，我们已无法感受这其中的欢愉和幸福。

留住童真

幸福的、幸福的、一去不返的童年时代啊！怎能不爱惜、不珍重对童年的回忆呢？这些回忆使我精神舒爽、心情振奋，是我的无上乐趣的源泉。

童年时代所具有的那种朝气蓬勃的精神，无忧无虑的心情，对爱的要求和信仰的力量，将来还会复返吗？当天真的喜悦和对爱的无限需求这两种至上的美德是人生唯一的愿望时，有什么时候会比它更美好呢？那些热诚的祈祷在哪里？那最好的礼物——纯洁的感动的眼泪——在哪里呢？抚慰人的天使飞来，微笑着揩干这些眼泪，把甜蜜的梦想送到纯洁无邪的孩子的想象中。难道生活在我的心头遗留下那样苦痛的痕迹，使那些眼泪和欢欣永远离开了我？难道留下的只是回忆？（《童年》）

“夫童心者，真心也。”（明·李贽《童心说》）成年人常羡慕孩子们拥有旺盛的精力、纯洁的眼神、善良的天性，感叹生活的苦难让他们失去了纯真的童心。

但其实，对生活的过度忧思、对他人的过分戒备、对名利的急切追求，才是童心蒙尘的真正原因。

放慢脚步，回归真诚，你就可以如陆游一般，享“花前自笑童心在，更伴群儿竹马嬉”（宋·陆游《园中作》）的快乐。

少年时期的教育最关键

有些时候，一个人觉得前途渺茫，使他连想都不敢想，他完全停止自己的思想活动，极力使自己相信既不会有将来，也不曾有过去。当思维不事先考虑意志的各种决定，而肉体本能变成生活的唯一动力的这种时候，我明白，一个孩子由于没有经验，特别容易陷入这种心情，他会毫不犹豫、毫无畏惧地，带着好奇的微笑，在他热爱的父母兄弟睡觉的房子里放一把火。在这种一时神志不清、几乎是心不在焉的情况的影响下，一个十七八岁的小伙子，当他的老父趴在条凳上睡熟的时候，他打量着摆在条凳旁的一把新磨过的斧头的利刃，突然抡起斧头，怀着愚蠢的好奇心看那被砍断的脖子怎样往条凳下流血。（《少年》）

少年时期是人一生中最叛逆的时期。在逐渐和世界接触的过程中，孩子会越发觉得按部就班的生活，或者说在父母的庇护下度过的生活日益失去了挑战和惊喜，而外界的刺激又会令他们突然萌生一些奇怪的想法，比如离家出走、打架斗殴、纵火等。而这种想法的产生仅仅基于对未知的新奇。

在这个时候,父母的关怀和对好奇的合理疏导就显得至关重要。它的成败将把孩子的未来引向截然不同的方向。

有时撒谎和品德无关

但是在青年时代的最初时期，我时常有一种奇怪的欲望，平白无故地睁着眼说瞎话。我说“睁着眼”，是因为我在很容易被人戳穿的事情上扯谎。我认为，这种奇怪嗜好的主要原因是：想使自己显得同本来的我截然不同的好虚荣的愿望，加上撒谎而不被戳穿的那种实现不了的希望。（《青年》）

在每个人内心都有某种对自己的期待，常会想象没有经历过的另一种生活。每每这种时候，语言就成为使想象成为现实的重要途径。很多家长都有过发现孩子夸大自己在学校的表现的经历，不要急着拆穿和责备，因为这和品德无关，多和孩子沟通，给他们足够的关心和爱，他们最后会知道应该怎么做的。

年轻，就要走自己的路

人们通常以为老年人总是因循守旧，而青年人才适用于创新，其实也不然。有时最因循守旧的倒还是年轻人，年轻人想要生活，可是他们却不去考虑应该怎样生活，而且也无暇及此。因此，他们往往选中过去的生活来做自己现在生活的楷模。（《魔鬼》）

很多年轻人都有自己关于未来生活的憧憬，但又不愿为改变现状做出努力。也许，繁杂的生活琐事牵绊了你的手脚，过重的家庭负担让你与梦想渐行渐远，父母的保护让你适应了安稳的生活，但是这些并不能成为你将自己的生命变成别人生活的复制品的借口。每个人都是独立的个体，要勇敢走出自己的路！

青春的美好与痛苦

他拿不定主意把人生只有一次的青春力量全部放到哪里，放到艺术上还是科学上，放到对女人的爱情上还是实际的活动上。这种青春的力量不是智慧、心灵或者教育的力量，而是一种不可再现的精神奋发，是人的一生只能得到一次的权力，这种权力可以把一个人塑造得像自己所想的那样，奥列宁甚至觉得，可以把全世界塑造得像他所希望的那样。（《哥萨克》）

青春是美好的。因为它会给你“世界有无限可能”的笃定，给你“别人笑我太疯癫，我笑他人看不穿”（明·唐寅《桃花庵歌》）的自信。

青春也是痛苦的。因为它给你太多的选择，却不给你足够的阅历和经验；它给你最美好的时光，却让你在它离开后才恍然惊觉。所以，毕加索也会发出“青春很可贵，可惜浪费在年轻人身上了”的感叹。

但正是因为这样的“苦恼”，青春才足够“美”，不是吗？

三岁看大，七岁看老

从那时起，多少岁月流逝了，多少往事的回忆对我失去了意义，化作模糊的梦，就连巡礼者格里沙也早已完成了他的最后一次朝拜；但是，他给我的印象和他所引起的情绪，在我的脑海里却永远也不会消逝。（《童年》）

俗话说“三岁看大，七岁看老”。关于童年的记忆可能已经十分模糊，但儿时的经历会在我们的脑海里留下深深的烙印，对性格的形成和一生的走向都产生深刻影响。

做好梦的年纪

祈祷以后，我往往就钻进被窝，心里觉得又轻松，又愉快，又高兴；一个梦想接着一个梦想，但是梦想些什么呢？都很难捉摸，不过，梦里却充满了纯洁的爱和光明幸福的希望。……接着我又祈祷，求上帝赐给大家幸福，让大家都称心如意，明天散步有好天气；然后我翻个身，思绪和梦想就混成一片，脸上还带着湿漉漉的泪水，便平静而安然地进入了梦乡。（《童年》）

小时候做的梦总会有千奇百怪的内容，但梦里似乎永远都有一道明亮的光，给所有的故事一个光明幸福的结局。童年，是做好梦的时节；噩梦是满腹担忧，做了“坏事”的成年人的专利。

儿时的梦想是一夜长大

奇怪的是，不知为什么在我小的时候，我极力装得像个大人；而当我已经不再是小孩的时候，我又希望像个孩子。……每一种感情的流露都证明行为的幼稚，谁要犯这种过错，那他就还是个孩子。还没有尝到那种使成年人在待人接物上谨慎小心、冷酷无情的痛苦滋味，因为仅仅是出于要模仿大人的奇怪的愿望，我们就使自己失去了那种温柔的、天真眷恋的纯洁的快乐。（《童年》）

小时候，我们偷穿妈妈的高跟鞋、爸爸的大西装，盼望自己可以一夜长大；长大了，看着秋千上大笑的孩子，我们唏嘘童年的短暂，高呼“我不想长大”。这样矛盾的心情差不多每个人都经历过。道理很简单，人们总是对不曾拥有的充满期盼，对失去的满是怀念。

青春年少时变幻不定的心

我一生中第一次在爱情上变了心，第一次感到这种感情的甜蜜滋味。把那种磨损了的习惯的忠心换成一种充满神秘意味和前途未卜的新鲜爱情，我觉得很高兴。况且，在同一时间，甩开一个人而爱上另一个人，意味着爱得比以前加倍的强烈。（《童年》）

年轻时总不懂爱是什么，只能在一次又一次爱的追逐中慢慢体会爱、了解爱。

变化的不是世界，而是你对世界的认识

> 读者，我不知道你们是否有过这种情形：在一生中的一定时期，你们突然发现自己对事物的看法完全改变了，好像你们以前所看到的一切事物，突然把它的另一面，你还不认识的一面转向你们。这种精神上的变化，在我们旅行的期间初次在我心里发生，我认为，我的少年时代就是从此开始的。（《少年》）

当你觉得从前熟悉的世界忽然变了的时候，我应该对你说一声“恭喜！”因为变化的不是世界，而是你对世界的认识。你，又长大了一点。

长大意味着梦醒

我费了好半天的气力来弄清自己的处境；但是现在，我的心目中呈现出一幅阴惨透顶、难以测知的远景。我极力想再唤回那些被现实的意识打断了的、慰藉人心的快乐梦想，但是使我惊异的是，我刚一进入先前那些幻想的境界，就看出它们不可能接续下去，而最使人惊奇的是，它们已经不能使我得到丝毫的乐趣了。（《少年》）

在孩子眼里，世界是美好的。但总有一天，你会从童年的美梦里突然醒来，发现一个完全不一样的世界。也许你会觉得它丑恶不堪。但其实，世界无所谓美与丑，关键在于你的心。

对人生的最初思考

在我过着孤独的、内向的精神生活的一年间，一切有关人类使命、未来生活和灵魂不灭的抽象问题，已经呈现在我的面前；我的幼稚而贫乏的头脑，以其全部没有经验的热情，极力想要解决这些问题。这些问题的提出标明人类智慧已经达到最高阶段，但是它们却得不出答案来。（《少年》）

当孩子的思想和智力水平发展到一定阶段时，他们会开始对人生和未来展开思考。他们能够发现问题，但一时还无法给出合适的答案。这就是初步形成自我人生观与价值观的阶段。

青年时代的幸福

在青年时代，我们的全部心力都向往着未来，而这未来，在希望（这种希望不是基于过去的经验，而是建立在想象中幸福的可能上）的影响下，采取了那么多种多样、生动迷人的形式，因此，在这种年纪，单单是互相谈论、彼此理解关于未来幸福的幻想，就已经是真正的幸福了。（《少年》）

年轻的时候，我们总会有许多的梦想和规划，对未来的生活充满了各种期望，好像这些梦想在和朋友的分享中就能轻松实现。其实，比起美梦成真，他们更需要的是一种认可、一份鼓励。

所以，从年轻走过来的人们，当年轻朋友与你谈起他们的梦想时，不要打压。因为你想说的，现实会告诉他们；而他们需要的，是你表示理解的微笑。

心纯，所以世界美

不言而喻，在聂赫留朵夫的影响下，我不知不觉被他的倾向同化了，这种倾向的实质就是对美德典范的热烈崇拜，相信人生的目的就是不断地自我完善。在当时看起来，使全人类改邪归正，消灭人类的一切罪恶和不幸，好像是行得通的事情，而自我完善，接受一切美德，做个幸福人，也似乎轻而易举……然而，只有上帝知道，少年时代的这些崇高梦想是不是可笑的，这些梦想不能实现，又是谁的过错呢？（《少年》）

有人说，孩子年少无知，所以觉得世界无限美好。

但更多的是因为他们心地纯净，所以能发现我们看不见的美。擦拭一下自己的心灵吧，为了看到一个更美的世界，也为了给孩子一个更美的世界。

青春没有悲伤

每个人和每个不同年龄的幻想各有不同的特点。在我认为是少年时代终结和青年时代开始的那个时期，我的梦想建筑在四种感情上。第一种感情是对她，对一个想象中的女人的热爱……第二种感情是希望被爱。……第三种感情是希望得到一种非同寻常的、虚荣的幸运，这种感情是那么强烈，那么有力，简直使我疯狂。……第四种，也是最主要的感情，就是厌恶自己和悔恨，但是悔恨和向往幸福完全融合到一起，因此其中毫无悲伤的成分。（《青年》）

比起临终老人的悔恨和渴望，青春时期的一切都与悲伤无关。因为未来还长，一切都还来得及。

什么是长大

当初他是生气蓬勃的、自由的人，在他面前展开无限的可能；如今他却感到已经被愚蠢的、空洞的、毫无目标的、渺小的生活的罗网从四面八方团团围住，从中看不见任何出路，甚至大概也不想闯出去了。他想起当初他怎样以他的耿直性格自豪，当初他怎样为他自己定下了永远说实话的原则，而且果然做到了实话实说，现在他却完全陷在虚伪里，陷在最可怕的虚伪里，陷在他四周的一切人都认为是真理的虚伪里，不能自拔了。在这种虚伪里是没有任何出路的，至少他自己看不出有什么出路。于是他深深地陷在那里面，习以为常，觉得倒也逍遥自在了。（《复活》）

坚持自我和适应社会的生存法则，究竟哪一种才是“长大”呢？

成长需要独处

在这里我完全是独处，没有人打搅，没有人侍候，没有人帮忙，因此我的理智和记忆也就不受任何外界影响，我的行动也非成熟起来不可。主要的好处是，我看清了，不规矩的生活并不像上流社会大多数人所说的那样是年轻幼稚的结果，而是灵魂的早期堕落所致。（《日记》）

佛家讲究“禅坐”。只有在禅坐中，你才能身心安静，进入属于自己的意识空间，找到真正的自己。小时候，我们对世界的了解大都来自他人的描述；长大后，其中的对错和真伪则需要我们在独处的“禅坐”中慢慢思索。

不要过度宠爱孩子

一只母鸡孵出一窝小鸡，可是不知道怎样保护孩子们，就对小鸡说："你们再爬进蛋壳里去吧，我还像原先那样伏在你们身上，好保护你们。"小鸡听了这话，就往蛋壳里钻，但是怎么也钻不进去，还把翅膀挤疼了。于是有一只小鸡对母亲说："要是我们必须永远待在蛋壳里，你还不如不把我们孵出来呢。"（《母鸡和小鸡》）

对孩子的过度宠爱，最终只会招来无情的埋怨。因为他们已经把"心想事成"当成了理所当然。

生活没有教科书

所有的年轻人都有这样一个时期，对事物还没有任何固定的见解和准则，只是在逐渐形成中。在这个时期，他们一般都不考虑实际利益而生活在精神世界里。我把这个过渡时期称为不成熟时期。……这个时期的长短取决于什么呢？……那么越是聪明的年轻人，这段时期应该过得越快，因为他会给自己定出一些准则，并且按照这些准则去生活。可是实际上完全相反。我们越活下去，生活的实际方面就要求我们越多地注意它。（《日记》）

小时候，我们都在课本上读到过“小马过河”的故事：小马要过河，但因为不知道河的深浅，有些害怕。老牛说河很浅，刚没过蹄子；小松鼠说河很深，淹死过它的同伴。小马很为难，回家问妈妈，妈妈告诉它，只听别人说的没有用，要自己亲自试一试才知道。于是，小马自己下河试了试，发现河既不像老牛说的那么浅，也没有小松鼠说的那么深。

书本上的故事告诉过我们很多人生哲理，但成长没有公式，生活也没有教科书。在人生这条宽广的大河面前，“老牛”和“小松鼠”的经验都帮不了你多少，你必须像“小马”一样，自己去河里走一遭。

成长的感受无法言喻

一个时期以来，我为华年已逝而懊恼，寝食不安。这是从我感觉到我本可以做点很好的事情开始的。能把自己的道德成长过程写下来一定很有趣，但是不仅语言，就连思想也不足以将它表述。（《日记》）

成长有时是悄悄地，有时是突然地，但不论哪一种，经历过的人都很难找到一个合适的词语来形容自己对于成长的感悟。成长总是百感交集、五味杂陈的，只有经历过，才能懂得。

站在巨人的肩膀上

常常可以听见青年人说：我不想依靠别人的头脑生活，我要自己思考。你为什么要去思考别人已经思考好的东西呢？把现成的拿过来，再往前进吧。人类的力量就在这里。（《日记》）

独立思考不等同于自作聪明。牛顿也是因为站在了巨人的肩上，才比别人看得更远一些。

多听听过来人的经验之谈，然后再思考是否适合自己。这样，你也可以在人生的路上看得更广，走得更远一些。

人的欲望会随着年龄产生变化

人在孩童时代什么都想要，在青年和成年时代想要某一件，到了老年就什么都不想要了。（《日记》）

人对物质的欲望和精神世界的充实是成反比的。其实，快乐和财富、权利、名誉无关，“温、饱、黑、甜”（林语堂《生活的艺术·我们的动物性遗产》）——指吃完了一顿美餐上床去睡个好觉——足矣。

怀疑与相信

你越老越感觉不到人的真实性。在孩童时代，我认识的人似乎都是一成不变、从来如此的，而随着生命的运动，他们越来越成为不断变化的精神表象。（《日记》）

“老年人容易怀疑真的，青年人容易相信假的。”人生的历练教会了我们很多，却模糊了真与假的界线。

以爱的名义

在把我现在特别清楚地感觉到和理解到的东西写出来以前，真不想死去。在生命快要结束的时候写这种众所周知的真理是可笑的，然而现在我所理解的，应该说我所感觉到的真理，对于我却完全是新的。这真理就是要爱所有的人，全部生活的安排，都要从能够爱所有的人出发。（《日记》）

卢梭曾说：“如果世上仅有一个幸福的例子，幸福就体现在善人的身上。”（《新爱洛漪丝》）以爱的名义笑对生活，生活绝不会回馈给你悔恨的泪水。

年轻就是财富

“可是他忘了B非常年轻，生活对她还是游戏，”他突然很快、很坚决地继续说道，也不瞧着我，“他要爱上她很容易，而且她还会觉得这很有趣。于是他做了件错事，他突然感到他心里涌起了另一种类似忏悔的痛苦的感情，因此他害怕了。他害怕他们以前的友谊关系会遭到破坏，所以他就下决心在这种关系遭到破坏以前走掉。”（《家庭幸福》）

年轻是一笔不可估量的财富。年轻就意味着有姣好的容貌，有足够的时间去追逐梦想，有机遇和挑战在前方等待，有机会失败了从头再来。每个人都只有一次年轻的机会，一定要珍惜这笔宝贵的财富。

年轻时难以抵抗诱惑

“对于青春已经过去了的我来说，是这样，对您来说，可不是这样，”他继续说，“您还没有生活过，您也许还想在别的方面寻找幸福，您也许会在别的方面找到它。您现在觉得这是幸福，是因为您爱我。”（《家庭幸福》）

青春年少时，我们就像一张白纸，渴望被丰富的色彩拥抱。但在经历风雨之后才会发现，不论多艳丽的色彩都终将褪去，那最后甘愿与你一起归于平凡的，才最值得珍惜。

青春的躁动

我的理智以至感情都已无暇他顾，可是还有另一种感情——青春和要求行动的感情，在我们平静的生活中没有得到满足。（《家庭幸福》）

青春时期是生命力最旺盛的时候，年轻的心总是难耐平静，向往激情。过来人无需劝诫，也不必羡慕，时间能够解决一切，一切都将归于安宁。

理想与现实的差距

给他们画完十字，我常常站在这静悄悄的房子中间，这时从各个角落里，从墙壁上和窗帘上便突然浮现出旧时的、被忘却的青年时代的幻影。旧时的声音唱起了我少女时代的歌。这些幻影到哪儿去了？这些可爱的、甜蜜的歌到哪儿去了？我过去几乎不敢希望的一切都实现了。那些不清楚的模糊的梦想都变成了现实，而现实却变成了一种沉重的、难堪的和毫无乐趣的生活。（《家庭幸福》）

理想和现实之间总是存在差距。因为理想是完美无缺的，现实则不可能。可以有梦想，但也要明白“知足常乐”。

经历才会懂得

“我们大家，尤其是你们女人，为了要回到真正的生活中来，一定得亲身去经历一下那荒唐无聊的生活；别人的话你们是不信的。那时候你还远没有尝够那种迷人而可爱的无聊生活，我看着你觉得怪有意思，所以我就让你去体验它，我觉得我没有权力束缚你，虽然对我来说这样的时期早就过去了。”（《家庭幸福》）

“这山看着那山高”是很多年轻人都会有的心态。那就去那座山上看看吧，趁着年轻。看过你就会明白，这世界上没有哪座山是只有“迷人而可爱”的风景的。

爱情终将变为亲情

从那天起，我和我丈夫的恋爱关系结束了；旧的感情变成了一种宝贵的、不能复返的回忆，而爱孩子们和爱我孩子们的父亲的一种新的感情，却给另一种完全不同的幸福生活打下了基础，而且这种幸福生活一直继续到现在……（《家庭幸福》）

婚姻中的感情是不可能依旧如同恋爱时那般炽热的。爱情就如同一位美丽的少女，琐碎的生活终将让她洗尽铅华，归于平淡。就像龙应台所说："曾经相信过爱情，后来知道，原来爱情必须转化为亲情才可能持久。"终有一天，你也会相信的。

热爱自己

使得他哭泣和语无伦次的，是对自己的爱，是对那些只要是他内心的美好的一切的爱（而他现在觉得，他内心的一切都是美好的）——满怀希望的、热烈的、青春的爱。（《哥萨克》）

要爱别人，首先要学会爱自己。热爱自己不仅仅是对自己身体的爱护和珍惜，更是对自己内心深处珍贵的感情和回忆的热爱。

未来是一场未知的冒险

现在，他已经是向往未来，向往高加索了。对未来的一切幻想，是和阿玛拉特伯克、契尔克斯女人、山、悬崖、凶险的急流和冒险行为等概念结合在一起的。这一切都是模模糊糊的；但是诱惑人的光荣和威胁着人的死亡，构成了对未来的兴趣。（《哥萨克》）

未来是一场未知的冒险，不知道会遇到什么样的人和事，跨过怎样的沟沟坎坎，碰上几次晴天，又会遭遇几场风雨。但可以肯定的是，在这场冒险的终点，所有曾经的光荣和惶恐，都会成为最美好的回忆。

初恋是唯一的

阿尔宾娜很惊讶，她认为自己比起聪明的、有教养的美人万达来是十分渺小的；但她不能不承认这是事实，也不能不为此而快乐，因为她自己也对米古尔斯基倾心爱恋，人只有初恋时才能那样去爱，那样的爱一生只能有一次。（《为什么》）

初恋在每个人内心留下的感受都是唯一的、深刻的。这是人生中第一次对爱情的体验，无论是懵懂、美好、遗憾、悔恨，都是值得一生珍藏的宝贵情感经验。

青春是无可挽回的

阿纳托利（库拉金公爵的儿子）脱下坎肩，双手叉腰坐在桌前，笑眯眯地睁着他那双美丽的大眼睛，漫不经心地盯着桌子的拐角。他把他的一生看作某人为了某种原因必须给他安排的一场连续不断的享乐。他对这次来拜访的这位凶恶的老头子和富有、丑怪的女继承人，也是这样的看法。照他的设想，这一切都会有非常圆满和有趣的结果。“干吗不娶她，既然她很有钱？这绝不会有什么不好的。”阿纳托利想。（《战争与和平》）

不论时代如何变迁，把感情视作游戏的都大有人在。这是当事人的选择，旁观者也许无权评价。但游戏人生同样要付出代价。青春、时间和感情都在被白白消耗，而这逝去的一切都再也无法挽回。

第四章

艺术的魅力

在很多人眼里，艺术意味着不食人间烟火，是遥远而难以理解的。但其实，艺术来源于最质朴的生活，是艺术家观察生活的结晶，是对自身生活体验的表达和升华。他们将最真实的情感融入跳动的音符、绚丽的色彩、巧妙的语言、梦幻的肢体动作中，使任何一种艺术表现形式都具有了极强的感染力。因为真实，我们会为一曲低沉哀怨的歌曲流泪，也会被一首雄壮高亢的乐曲鼓舞，还会为一位画中人的悲惨命运叹息。

试想如果没有艺术，我们的生活将会变得何等平淡无味？

其实，只要用心观察，路边的一花一草，小动物的一蹦一跳，孩子的一颦一笑，都是美好的艺术。爱生活就会爱艺术，艺术就在你我的生活中，给我们美的感受和心灵的宁静。

艺术可以唤醒我们内心隐秘的情感

妈妈在弹她的教师菲尔德的《第二协奏曲》。我在打瞌睡，在我的想象中出现了一些轻快、明朗、晶莹的回忆。她开始弹奏贝多芬的《悲怆奏鸣曲》，于是我回忆起一件令人感伤、压抑的凄惨事情。妈妈常常弹这两支曲子，因此我清清楚楚地记得它们在我心中唤起的情绪。这种情绪很像回忆，但是什么回忆呢？仿佛在追忆一种从未有过的事情。（《童年》）

一些不懂音乐的人常会说自己是乐盲，无法欣赏高雅的乐曲。但其实，音乐从来都是以平等地方式对待任何人的。它具有一种神奇的魅力，即便你不识音符，但只要你懂得生活，音乐就可以唤醒每个人内心隐秘的情感。

音乐的想象力

音乐对人的作用就像打哈欠和笑一样，本来我并不觉得困，但是我看见别人打哈欠，自己也打哈欠；我并不觉得好笑，但是我听见别人笑，自己也就笑了。

它，也就是音乐，能一下子把我直接带进写音乐的人当时所处的心境之中。我和他心心相印，并同他一起从一种心境转到另一种心境。（《克莱采奏鸣曲》）

古希腊哲学家亚里士多德认为艺术是对现实的模仿，人们会通过这种模仿而认识世界。正是由于同现实的这种关系，艺术具有了超强的感染力。当听到管弦乐名曲《野蜂飞舞》的时候，每个人的脑海中都会出现野蜂在花丛间、树林中，抑或大地上飞舞的画面。我们应当尽情享受艺术赋予我们的无尽想象。

学习艺术要摒弃功利心

绘画促进想象自然界的能力，它的领域是空间。音乐促进想象你的感情的能力，它的领域是和声和时间。诗歌促进想象这两者，即我们的感情与自然界的关系的能力。舞蹈是从绘画向音乐的过渡。歌曲是从音乐向诗的过渡。（《日记》）

现如今，很多学习艺术的人都是带着功利心而来的。因此，他们少了许多对自然的探索、对生活的思考和对艺术的品味。如果学习艺术仅是为了掌握一项生活的技能，那么，钢琴上流淌出的音符就只是生硬的符号，画笔下凝聚的色彩就只是毫无生命力的颜料。

艺术需要一颗只为艺术跳动的心。

诗与音乐具有不同的感染力

自然界是我们的五种感官能够感觉到的。可是感情呢，就像绝望、爱、欢喜，以及种种感情的细微变化，这些不仅不是我们的五种感官能够感觉到的，甚至也不是理智能够感觉到的。音乐优越于诗的地方在于音乐对感情的模拟比诗的模拟更充分，不过没有诗那样明晰，而明晰是诗的属性。（《日记》）

诗可以利用语言的细腻和准确性来把握转瞬即逝的感觉，而音乐可以利用音符的动感和抽象性营造出一种氛围。诗就像针刺一般一点点刺中我们的神经，使我们产生共鸣。而音乐就像是空气一样，用它无形的手包围我们，让我们沉浸其中。

艺术的魅力

艺术的主要目的（如果艺术存在而且有它的目的）在于显示、说出有关人的灵魂的真理，说出用简单的语言无法说出的奥秘。艺术就是这样产生的。艺术是艺术家用来窥视自己灵魂的奥秘，并向人们展示这些一切人都有的奥秘的一架显微镜。（《日记》）

人们会追问艺术的价值和魅力究竟在何处，为什么生活不可以离开艺术。其原因就在于，艺术是我们生活和情感的显微镜。有些感受，我们自己也说不清楚，但音符、色彩和舞动的肢体可以清晰地表达，让我们在美的享受中认识自己。

音乐是感情的速记

音乐是感情的速记。这话的意思是，声音的疾徐、高低、强弱在讲话时为言词及其意义作了补充，指出与我们语言的各部分有关联的感情的微小差别。而没有语言的音乐抽出感情及其细微差别的这些表现，把它们联结起来，这便是抽掉感情的根由的感情游戏。所以音乐的感染力特别强，所以音乐与言词的结合是音乐的削弱，是向后转，用字母抄写速记符号。（《日记》）

当某首乐曲填上歌词以后，语言会产生固定的意义，使具有更大想象空间的音乐被具象化。所以，音乐其实是比语言更加自由的一种表现形式，具有更加强大的感染力。

艺术让我们感受无法亲身经历的生活

所以，艺术是一个人有意识地听任自己受艺术家所体验的那种感情的感染而得到的娱乐。这种娱乐的快感在于，人不作努力（不是全神贯注），不承受感情的一切实际后果，而体验到极其多样的感情，正是由于直接从艺术家那里感染这些感情，人可以毫不费力地享受和体验人生乐趣。……多亏有艺术，缺腿或衰老的人在看跳舞的艺术家或艺人时也体验到跳舞的乐趣。住在北方的人，即使足不出户，在看画时也能体验到南方大自然的乐趣。软弱和温顺的人看画、读书、在剧院里观看文艺作品，或者听歌颂英雄的音乐时，也体验到坚强有力和权力在握的乐趣。冷漠无情、干燥乏味、从未有过怜悯心和爱心的人也能体验到爱和怜悯的乐趣。（《谈艺术》）

艺术有无穷无尽的神奇魅力，其中十分突出的一点就是：我们可以通过艺术的模仿力和感染力体会到许多情感和事物，而不必亲身去感受。古希腊哲人认为艺术是一种模仿，是对我们现实生活的模仿，让我们在观看的同时受到教化和感染。从某种角度来看，艺术确实具有这种作用。但是艺术在模仿之外，更大的魅力还在于创新，它可以用不同的表达方式向我们传达或者呈现人类共通的情感。

“真实”是艺术的生命

他摹绘了这种新的风姿，突然回忆起一个他曾向他买过雪茄烟的店主的面孔，一副下颚突出、精力旺盛的面孔，他就把这面孔、这下颚，绘在画中人身上。他欢喜得大笑起来。那人像突然从没有生命的虚构的东西变成了活生生的，这样就不能再改动了。那人像具有了生命，轮廓分明了，显然已定形了。（《安娜·卡列尼娜》）

嗓音优美的歌手唱出的歌曲，可能好听，但不见得动人。真挚的情感是艺术的生命。

艺术只关乎生活

他非常清楚艺术涉猎者们（他们越聪明越坏）的习气，他们参观现代美术家的画室，无非是为了以后有资格说美术已经衰微了，并且说越看新人的作品，越觉得古代巨匠的作品依然是多么无与伦比。（《安娜·卡列尼娜》）

对艺术不能不懂装懂，应该怀着谦卑的心态来欣赏学习。有许多艺术表达手法也许不是你所欣赏的，但是不能因为个人的不理解而随意批判别人的创作。应当搞清楚这种创作手法的来龙去脉之后再发言。

艺术既不是高高在上的神坛之物，也不是附庸风雅的道具。它只关乎最真实的生活，需要你带着些许的谦卑来用心感受。

艺术期待返璞归真

> 他常常听到“技巧”这个词，却完全不理解它是什么意思。他知道这个名词，照普通的解释，是指一种和内容完全无关的、单单是描绘的机械的能力。他常常注意到——就像在现在的称赞中一样——技巧和内在的价值是完全相反的，仿佛一件坏东西也可以描绘得很出色。（《安娜·卡列尼娜》）

所谓技巧，是可以通过专业训练习得的，只要努力，每个人都可以做到。但对生活之美的热爱，对事物真实面的勇敢表达，就不是每个人都能做到的了。

其实越简单的东西越美好，加进太多人为的技巧反而使事物失去了原有的样貌。

艺术应当具有善意的感染力

艺术只要始于游戏，便仍将是成年人的玩物，而且是罪恶的玩物。我听的很多的音乐也证实了这一点。不起任何感化作用。相反，如果赋予它人们所赋予的不适当的意义，它还会分心。（《日记》）

艺术可以是一种娱乐和休闲，但绝不是游戏。艺术还是要认认真真地表达一份情感，让世界多一份感动和美好。

艺术可以带来幸福

艺术只有一种，它的使命是给人们增添欢乐——无罪的、一般的、人人能够享受的欢乐，即人的幸福。好的房屋，愉快的图画、歌曲、故事给人不大的幸福，戏剧、图画、歌唱所激发的爱善的宗教感情给人大的幸福。（《日记》）

生活中饱经不幸和困苦的心，是可以在艺术的世界中获得抚慰的。艺术能让人们置身于美好、快乐和幸福之中。在艺术世界里走过一遭，装满爱和善的心就又可以快乐地重新出发了。

艺术必须是“好懂的”

任何艺术作品只有在让人能够理解的时候才是真正的艺术作品。我不是说要让所有的人都明白，我是说让有一定文化水平、能读诗谈诗的人明白。

谈一件艺术作品的时候，不能对人说您还不懂。如果让人不明白，说明这件艺术作品不好，因为艺术的任务是使不明白的事物变得明白。（《日记》）

艺术服务的对象是每一个热爱生活的普通人，艺术的使命是帮助人们认识生活、看清自己。所以，艺术哪有让人看不懂的道理？

画如其人，人如其画

美学是伦理学的表现，用俄语说就是艺术表达艺术家心中的感情。如果感情美好高尚，艺术也美好高尚，反之亦然。如果艺术家是个有道德的人，他的艺术也会是有道德的，反之亦然。（《日记》）

一个人的思想可以直接反映他的内心世界，而艺术作品是艺术家思想的集中体现。所以说，艺术作品就是艺术家内心的一面镜子。通过一个人的作品是可以看出其品格和志趣的。

音乐从哪里来

读一本音乐史，十六章都讲非自然的音乐，只有其中短短的一章提到民间音乐，而且对民间音乐几乎一无所知，因此这部音乐史不是真正的音乐——旋律音乐产生、传播和发展的历史，而是非自然的音乐的历史，即真正的优美音乐如何被丑化的历史。（《日记》）

我们现在谈论的音乐多是指经过加工的音乐，而最原生态的音乐是少有修饰的自然嗓音。那才是真正的天籁。在重金属的节奏中怒吼的时候，不要忘了音乐从哪里来。

艺术是不可或缺的精神食粮

我写过艺术是食粮。但有一个最好的提法：艺术是维持精神生活所必需的睡眠。睡眠有益，是劳动之后必需的，但人为的睡眠有害，它不能恢复和振奋精神，反而使人软弱无力。（《日记》）

艺术所满足的是人类的一种情感体验，它虽不能填饱肚子，但可以使人在精神上获得一种食物无法给予的愉悦感。

艺术的道德感染力

我说，艺术是一种感染人的活动，感染力越强，艺术便越好。但不论这种活动能在多大程度上满足艺术的要求，即感染力如何，这种活动是好是坏还要看它能在多大程度上满足宗教意识的要求，即道德、良心的要求。（《日记》）

每一种艺术形式和艺术作品中都蕴含着艺术家的道德倾向，不能说孰是孰非，但需要我们自己清楚自己需要的究竟是什么。

混搭不等于艺术

每种艺术都是个独立的领域，好像棋盘上的一格。每种艺术又都有与之毗连的艺术，如同棋盘上的一格都有与之毗连的格子。一格的表层用掉之后，如果要在这一格里显身手，就是说要有新招，就得深入下去，这是很难的。所以人们便把紧挨着的格子揽过来，用这种混合物变出点新花样。而这混合物，比如音乐与戏剧、与绘画、与抒情诗的混合物，并不是艺术，而是对艺术的歪曲。（《日记》）

把几种艺术形式简单且肤浅地叠加在一起而形成的“大杂烩”与艺术毫无关系。我们甚至可以把这种“大杂烩”理解为投机取巧。当在某个独立的艺术领域做出成绩需要越来越多的努力之后，人们以为简单的“混搭”就是了不起的“创新”了。

艺术是一种探索

艺术家要影响别人就得不断地探索，让他的作品成为一种探索。如果他全找到了，什么都知道了，一味教训人或者故意让人开心，他就不能影响人了。只要他在探寻，观众、听众、读者就会在探索中和他息息相通。（《日记》）

优秀的艺术家总是在寻找自己与观众的共通点，他们从不试图用艺术说教，只希望通过自己的作品与观众进行某种对话和交流。

艺术品不是教科书，而是一张邀请观赏者与艺术家共同探索的邀请函。

艺术家的预言

听音乐时我问自己：为什么是这样一种似乎事先就确定下来的音响顺序，这样一种速度？我想，这是因为在音乐和诗的艺术里，艺术家揭开了未来的帷幕，指出什么必将出现。我们同意艺术家的看法，因为我们通过艺术家看见将来必定出现或者已经出现的事物。（《日记》）

艺术家往往又被称作社会的预言家。他们总能先于大众看到新事物出现的可能性和时代发展的趋向性。这源于他们敏锐的洞察力和对生活的深刻理解。

艺术作品要有欣赏者才能完整

如果一个人在领略一件艺术作品的时候，觉得似乎是他自己创造了这样美好的东西，不仅似乎，而且确实体验到一种欢乐的感情，这件作品才是真正的艺术品。在音乐里这种感觉特别强烈。在这一点上，比在其他任何地方都更容易看出艺术的主要意义——结合。艺术家的“我”与所有领会他的作品、融合成一个整体的“我”融合起来。（《日记》）

如果一幅画只挂在画家的画室里，那这幅画还不能说是一件完成了的作品；如果一首乐曲仅仅存在于作曲家的曲谱上，那这支曲子也还不是一首完整的乐曲。艺术需要创作和接受的过程，要在创作者和欣赏者的共同参与下才能够变得完整。

由心而发才会感人

就我来说，哪怕就是在最空洞的旋律里，当我听到胸部深处发出的音时，我也不由得泪珠盈眶。在文学里也是如此，可以用脑来写，也可以用心来写。（《童年第二稿：致读者》）

“很真实”“挺感人”，对一部优秀的文学作品或电影，观者往往会给出这样的评价，至于使用了怎样的拍摄技法和表现技巧，那是评论家关心的事。在大多数观众的心里，真正的艺术无关乎技巧，更在乎内心。

艺术不是娱乐

而艺术，如果它真是艺术，就该为一切人享用，尤其应该让为他们而创作的那些人享用。而我们的艺术的状况惊人地揭露了艺术活动家们，表明他们既不愿意、也不善于、又不可能有益于人民。……只有当生活在人民中间又像人民一样生活的人们，不提任何权利而以科学和艺术为人民服务，至于是否接受这些服务又听任人民自愿时，科学和艺术才能为人民服务。（《那么我们该怎么办》）

其实不论艺术服务于谁，它都不一定是能拿来“享用”的，因为艺术不等同于娱乐，它所带给我们的不一定都是快乐，可能还有悲伤、愤怒和恐惧……但只要它足够真实，这一切的感受和努力就都有了意义。

拒绝精神上的营养不良

科学和艺术等人类的高级活动，在某一阶层占有垄断权的条件下，也会发生同样的情况。区别只在于，物质食粮不会过分越出常规，面包和白菜汤尽管不是十分可口的食物，毕竟还可以吃，精神食粮却会有最大的偏差。有些人可以长期食用他们根本不需要的或有害的、有毒的精神食粮，可以自己用精神上的鸦片或精神上的酒精慢性自杀，并把这种食物提供给群众。（《那么我们该怎么办》）

吃饭有时可以马虎，为了填饱肚子而暂不考虑营养的问题。但如果在精神上长期营养不良，影响的不仅仅是身体，而是整个人生。

艺术服务于人类的生活

自有人类以来，真正的艺术，人们高度珍视的艺术，除了表现有关人的使命和幸福的科学外，别无其他作用。艺术从来都是为人生学说服务的，只有那样它才为人们所高度珍视。（《那么我们该怎么办》）

艺术为人生提供一种分析和探索的方式，我们可以不必亲身经历就能从戏剧和小说中体验不同的人生；艺术还会以多彩的方式再现生活中的各种问题，为生活的各种可能性提供实验和辩论的场所。

科学家和艺术家的共同特征

真正的科学和真正的艺术具有以下两种不容置疑的特征：第一种是内在特征，即献身科学和艺术的人不是贪图利益而是以献身精神去完成自己的使命，第二种是外在特征，即他的作品是他为之谋幸福的一切人都能够懂得的。（《那么我们该怎么办》）

科学家和艺术家应该是高高在上的，因为他们必须有近乎完美的道德修养，这样，他们的作品才是“美”的；同时，科学家和艺术家又应该是贴近生活的，因为他们渴望得到最广大的欣赏者的认可，这样，他们的作品才是“好”的。

不同艺术家的特点

青年艺术家的作品往往以态度真诚取胜，内容却很空洞，形式则或多或少是优美的，老年艺术家则正好相反；勤奋的职业艺术家的作品以形式见长，却往往缺乏内容和真诚的态度。（《谈艺术》）

艺术作品的创作和人的成长一样，慢慢来，急不得。

评判艺术作品的标准

显然，莫泊桑就具有能见人之所不能见的这种能力。但根据我读过的这本小册子来判断，可惜，它恰恰缺少了一部真正的艺术作品除才能之外所必须具备的三个条件中的主要一条。这三个条件是：一、作者对事物的正确的即道德的态度；二、叙述的明晰，或者说，形式的美，这是一个东西；三、真诚，即艺术家对他所描写的事物的真诚的爱憎感情。（《〈莫泊桑文集〉序言》）

我早就为自己定下一个准则，从三方面去评判任何艺术作品。（一）在内容上，艺术家从新的方面揭示的东西对人们说来重要和需要到什么程度，因为任何作品只有当它揭示生活的新的方面时才是艺术的作品。（二）作品的形式优美到什么程度，又在多大程度上与内容相适应。（三）艺术家对自己的对象的态度有多真诚，亦即他对自己描写的东西相信到什么程度。（《谢·杰·谢苗诺夫〈农民故事〉序》）

三个条件，即独特、清晰和真挚，以各种不同的程度存在着，根据这种情况，可以确定艺术作品的价值，不涉及其内容。对一切艺术作品，可按照第一、第二或第三个条件存在的程度来评定其价值。（《什么是艺术》）

优秀的艺术作品应该是“美”且“真”的，不仅给人视觉上的享受，更能给人心灵上的共鸣和抚慰。

艺术是一种交流方式

为了准确地给艺术下定义，首先不应该把艺术看作享乐的工具，而把它看作人类生活的条件之一。对艺术采取这样的看法之后，我们就不可能不看到，艺术是人与人相互交流的手段之一。（《什么是艺术》）

艺术作品中包含着一个人对世界的认知和生活的态度。即使语言不通，在艺术的世界里，我们也可以实现毫无障碍的交流。

艺术无国界

艺术作品和其他任何一种精神活动之间的不同之处在于，它的语言是所有的人都能理解的，它能毫无区别地感染所有的人。一个中国人的眼泪和笑声会感染我，正像一个俄国人的笑声和眼泪一样，绘画、音乐和诗，如果被翻译成我所理解的语言，也是这样的情形。（《什么是艺术》）

艺术是一种国际语言。即使来自不同的国家，属于不同的民族，说着不同的语言，人们对生活的热爱、对生命的认知、对艺术的感受也是相通的。就像《罗密欧与朱丽叶》的爱情故事可以让全世界的人为之落泪。

伪艺术泛滥的原因

正是这三个条件——艺术家的职业化、艺术评论和艺术学校——造成了这样的后果：当代大部分人竟连什么是艺术都全然不懂，他们把最粗劣的赝品看作艺术。（《什么是艺术》）

程式化的教育和急切的功利心只会"培养"出越来越多的"艺术工匠"，而不是真正的艺术家。做艺术，只能为"爱"而来，从"心"出发。

如何区别真伪艺术

区分真艺术与伪艺术，有一个肯定无疑的标志，即艺术的感染力。如果一个人读了、听了或看了另一个人的作品，不必自己作一番努力，也不用改变自己的处境，就能体验到一种心情，这种心情把他跟这另一个人结合在一起，也跟其他与他同样领会这艺术作品的人们结合在一起，那么唤起这样的心情的那个作品就是艺术品。如果一个作品不能在人心里唤起一种跟所有其他感情全然不同的欢乐的感情，不能使这个人在心灵上跟另一个人（作者）和领会同一艺术作品的另一些人（听众和观众）相一致，那么，无论这一作品多么有诗意，多么像真正的艺术品，多么打动人心，或者多么有趣，它仍然不是一个艺术品。（《什么是艺术》）

工业化时代大批量生产的图画，即使色彩绚丽、画面优美，但因为没有动人的感情和旺盛的生命力，也只能称其为“装饰品”，而非“艺术品”。

艺术离不开细腻的感情

我无论如何没想到您是这样出色的艺术家。这是真正的、精湛的演奏。看来技巧上的困难已经没有了，您只考虑表现感情的方式，您表现得细腻极了。（《光在黑暗中发亮》）

在学习和欣赏艺术的道路上，人们很容易被炫目的技巧所蒙蔽，就像会被修辞精巧的文字迷住一样。技艺精湛而没有情感的艺术品仍是不完整的。无论演奏者还是欣赏者都应当培养表现或者领悟艺术感情的本领，努力使艺术作品拥有表达爱、传递爱的力量。

音乐的魔力

音乐的可贵之处，就在于它能抓住人，动人心弦，使人离开现实。瞧，本来一切是那么阴沉，突然间你弹起琴来，就如豁然开朗一样。真的，豁然开朗。（《光在黑暗中发亮》）

当你心情不佳时，听几首节奏欢快的歌曲就会倍感舒畅；当你难以入眠时，听听舒缓的催眠曲就能沉入甜美梦乡。音乐对人的感情具有强大的感染力，可以通过音符创造一个崭新的世界，这个世界可以是快乐的、幸福的、忧郁的、安宁的……可以是任何一种感情，而身在其中的我们对这些从音符中溢出的情感毫无抵抗力。这便是音乐的魔力。

第五章

幸福的指针

托尔斯泰说过："幸福的家庭都是相似的，不幸的家庭各有各的不幸。"当身在幸福之中的时候，我们很少追问幸福的原因；但在遭遇不幸的时候，我们常常会想"为什么是我"。幸福与不幸是值得探讨的重要课题，是我们人生路上绕不开的风景。

在这个世界上，每个人都在穷尽一生追求幸福。但如果问什么是幸福？相信每个人都会给出不同的答案。父母会说孩子的快乐成长是幸福，子女会说爸妈的健康长寿是幸福，年轻人会说遇到一个爱自己的人是幸福；老年人会说含饴弄孙是幸福……可见，幸福是一种内心愉悦的感受，且每个人心里都有不同的评判标准。虽然我们很难给幸福一个准确的定义，但也许我们可以找到无限接近幸福的方法。

带上一双善于发现幸福的眼睛、一颗无限向往幸福的红心，还有一份敢于直面不幸的坚强，一起出发吧，去寻找属于我们的幸福指针！

放慢脚步，幸福才追得上

难道人们在这美丽的世界上，在这无垠的星空下生活，会感到挤得慌吗？难道在这迷人的大自然中，人的心里能够留存愤恨、复仇或者非把同胞灭绝不可的欲望吗？人的心里一切不善良的东西，在接触到大自然，这最直接地体现了美和善的大自然的时候，似乎都应该荡然无存啊。（《袭击》）

不得不承认大自然有一种神秘的感染力，我们的心总能从中找到动力，得到净化。试想，当你从拥挤的马路、竞争激烈的工作，以及供房养车的压力中逃出，投入大自然的怀抱时，那是一种怎样的感觉：清风拂过面颊，小鸟在寂静的森林里和你说悄悄话，涓涓溪水缓缓从你脚边流过。大自然用无声的语言告诉我们："心和脚步都慢下来，幸福才追得上。"

生活的目的就是幸福

“我觉得，我的整个一生就应该在这种孤独的偏僻荒凉和孤苦无依的忧郁中度过，我自己一个人既没有力量摆脱它，甚至也不想摆脱它。”“生活的目的就是幸福”。（《家庭幸福》）

生活中有许多关于幸福的悖论：物质生活水平在不断提高，幸福指数却在逐年下降；每天穿梭在熙熙攘攘的人群中，却会不时地感到孤单寂寞。这是因为我们选错了生活的目的。我们以为，为财富、为名誉、为权利奔忙，我们就会获得想要的幸福。

但其实，获得幸福的方法远没有我们想象得那么复杂。绕开名利的烦扰，就是为了单纯的幸福而生活，你会发现，日子变得简单快乐了许多。

金钱买不来幸福

人人都爱诗歌，都找寻诗歌，人人都在生活中只向往和找寻它，可是谁也不承认诗歌的力量，谁也不珍视世界上这个最大的幸福，既不看重也不感谢那些把这幸福给予人类的人，请问问住在瑞士旅馆里的那些客人当中的随便哪一个人：世上最大的幸福是什么？所有的人，或许是百分之九十九，都会现出讥讽的表情对您说，世上最大的幸福就是钱。“也许这种想法您不喜欢，和您那崇高的理想并不一致，”他会这样对您说，“不过，既然人类的生活已经这样安排，只要有钱就能给人幸福，那又有什么法子呢？”（《卢塞恩》）

俗话说：“金钱能让你买到一条最好的狗，但只有爱才能让它摇尾巴。”我们渴望的幸福恰恰是小狗欢快摇起的尾巴，而这，与金钱无关。

幸福的“捷径”

幸福乃在于为他人而生活。这一点是明确的。人人都有获得幸福的要求，因此，这种要求是合乎情理的。用自私自利的方法满足这种要求，也就是说，为自己寻求财富、荣誉、舒适的生活、爱情，可是，有时由于种种情况，不可能满足这些欲望。由此看来，不合乎情理的是这些欲望，而不是想获得幸福的要求。不论外界的条件如何，永远都可以得到满足的是什么欲望呢？究竟是什么呢？是爱，是自我牺牲！（《哥萨克》）

很多人认为只要满足了自己寻求财富、荣誉、爱情等的欲望就可以获得幸福，但欲望不断膨胀，满足欲望的路充满艰难险阻，因此，幸福也变得总是那么遥不可及了。

其实，追求幸福的道路是有“捷径”的，那就是关爱他人。满足自己帮助别人的欲望，幸福就会触手可及。

爱与牺牲

自我牺牲的爱，就是对为了所爱的对象而牺牲自己的过程，丝毫不顾这种牺牲对于所爱的对象是有益还是有害。“为了在全世界面前证实我对他或者她的忠诚，任何麻烦事我都敢做。”这就是这种爱的公式。这样爱的人从来不相信互爱（觉得为了不理解我的人牺牲自己更有价值），他们总是病态的，这也增加了牺牲的美德；他们大部分是始终如一的，因为他们如果丧失为所爱的对象作出牺牲的美德，就感到痛苦；他们总是准备以一死来向他或她证明自己的一片忠诚，但是他们忽视日常的、细微的、不需要特殊牺牲热情的爱的表征。（《青年》）

年轻人总喜欢用对生命的轻率来表达对爱情的忠贞，但如果真到了必须用死来证明爱的时候，这份爱也许已经走到了终点。因为每个人期待爱情都是为了活得更好。悲壮的牺牲必将败给体贴的滋润。

“喜欢”和“爱”的区别

积极的爱，就是渴望满足爱人的一切需要、一切愿望、怪癖甚至缺陷。像这样爱着的人们，他们的爱总是始终不渝，因为他们爱得越久，他们越了解爱的对象，就越容易去爱，也就越容易满足对象的愿望。他们很少用言语来表达爱，即使表达，也不是扬扬自得地净说些漂亮话，而是带着羞涩的、不好意思的神情，因为他们总怕爱得不够。这些人甚至爱他们所爱的人的缺点，因为这些缺点使他们能够满足更多的新愿望。他们寻求互爱，甚至甘愿欺骗自己来相信互爱的存在，如果得到的话，便感到幸福；万一得不到，他们也仍旧爱下去，不但希望爱的对象得到幸福，而且总是利用他们所掌握的一切大大小小的、精神上和物质上的手段来达到这个目的。（《青年》）

“喜欢”是欣赏一个人的优点，“爱”则是连他的缺点也能心甘情愿地包容。

爱情是一种很玄的东西

爱情还存在，但已不是旧时的爱情；它的位置还存在，但它已经历尽沧桑，再也没有力量和光泽了，只剩下了回忆和感激，但是……（《家庭幸福》）

年轻时的爱情是轰轰烈烈的，会许下“山无陵，江水为竭，冬雷震震，夏雨雪，天地合，乃敢与君绝”（汉乐府《上邪》）的一世承诺。但经过岁月的洗礼，这些诺言已毫无意义。夫妻相伴，“共剪西窗烛”（唐·李商隐《夜雨寄北》），聊聊说不完的过去，已是对爱情最好的诠释。

美在心灵

真是咄咄怪事，认为美就是善，这完全是一种错觉。一个美丽的女子说了一句蠢话，你听了会不觉其蠢，反而觉得很聪明。她出言粗俗，行为卑劣，你却觉得十分可爱。而当她既不说蠢话，出言也不粗俗，但长得很漂亮的时候，你又会立刻相信，她是惊人的聪明和温良贤淑。（《克莱采奏鸣曲》）

早在古希腊就有美惠三女神的存在，美丽应当是同优雅、智慧相联系的，外表的美丽无法掩盖内心的空虚。中国现代著名文学家林语堂先生也在他的著述《心灵美》中，对女子容貌美和心灵美的关系发表了自己的看法。他认为：“女人除了外在的容貌之外，不可忽略了心灵美，这种潜藏于心之深处的内在美，是不能够用化妆方法来涂敷打扮的……一个女子最好的心灵美，就是高贵的品性，广博的学识，善良的心地，纯洁的灵魂。待人和蔼诚挚，坦白的胸怀，伟大的爱心和纯正的节操，这都是心灵美所不可缺的要件。”

婚姻不是儿戏

当你还不敢说你已经做到你能做的一切以前；当你还没有停止爱你所选择的女人，还没有把她看清楚以前；千万不要结婚，不然你就会大错特错，以致不可挽回了。（《战争与和平》）

他不能撇开结婚来设想对于女性的爱情，他首先想象家庭，其次才想象能给予他家庭的女性。所以他的结婚观和他大多数的熟人完全两样，在那些人看来，结婚只是日常生活中无数事情之一；在列文，这是人生大事，终生的幸福全以它为转移。（《安娜·卡列尼娜》）

我们不否认“闪婚”表现出的勇气和它可能带来的幸福，但婚姻不是儿戏，一个承诺事关两个人，甚至两个家庭一辈子的幸福。所以，多一些耐心的了解，多一些宽容的磨合，多一些理智的思考，然后再庄严地许下一生的承诺，或许婚姻就不会变成爱情的坟墓，而成为相亲相爱的天堂。

真正的幸福来自内心

您要经常注意自己，约束自己的感情，不是在情欲上，而是在内心寻求幸福……幸福的泉源不是在外面，而是在我们内心……（《战争与和平》）

古印度故事集《五卷书》揭示了获得幸福的秘诀：“谁要是在内心里真正知足常乐，他就能获得一切幸福。”幸福是一种内心的感受，也是一种笑看人生“花开花落”“云卷云舒”的恬淡态度。

人总是要有点精神的

"不，才活了三十一个年头，并不能就算完结，"安德烈公爵坚决果断地说，"光是我对自己的一切都知道是不够的，要让大家都知道，连皮埃尔和那个想飞到天上去的少女也都知道，要让大家了解我，我不应当只为我个人而活着，不要把我的生活弄得和大家的生活毫无关系，而是要我的生活影响所有的人，所有的人都和我一起生活！"（《战争与和平》）

幸福的感觉是由无数大大小小的成就感组成的，而获得成就感的前提是要活得有些目标，有点精神。目标无需太大，每天早上让自己快乐而充满斗志地醒来，足矣。

要相信幸福

要想幸福，就应当相信幸福是可能的。（《战争与和平》）

关于幸福，人们总会在自己的内心要求或者期待很多东西。一旦这些东西落空，随之而来的就是灰心失落。但是只要心里始终存在着那个坚定的信念，也许走过这个转角，幸福就会出现。

爱情是纯粹的

“是的，也许我真的爱一个贫苦的姑娘，”尼古拉自言自语地说，“怎么，我真的要为财产而牺牲爱情和名誉吗？真奇怪，妈妈怎么对我说出这样的话。难道就因为索尼娅穷，我就不能爱她，”他想道，“就不能报答她那忠实的、一往情深的爱情？我同她结合，一定比同什么朱莉这么一个木偶要幸福。我不能强迫自己改变自己的感情，”他自言自语，“如果我爱索尼娅，那么我觉得，我的感情比一切都更强烈，更高尚。”（《战争与和平》）

爱情无关地位和物质，应该是人类最纯粹、最珍贵的情感之一。出于安全感的考虑，有些人可能会宁愿在宝马里哭，也不愿在自行车上笑。但要知道，财富、名誉、权利都是可以在转瞬间逝去的东西。爱一个人的性格和品质才是最聪慧的选择。

爱一个人要热爱他的灵魂

不仅了解，而且我爱她那内在的精神力量，她那真诚，她那由衷的坦率爽直，她那仿佛和肉体融为一体的灵魂……正是她这个灵魂，我爱得如此强烈，如此幸福……（《战争与和平》）

当今社会，花样美男和性感美女大行其道，人们越来越关注美丽的外表，而忽视对内在灵魂的探究。英国著名女性小说家简·奥斯汀曾说："美女显得最美丽的是第一次看到的时候，可是如果接连三天住在一起，谁也不想再看她了。"而爱情和婚姻恰恰不是一天两天的事情，和一个灵魂值得我们热爱的人生活在一起，日子才会幸福得多。

爱要宽广

对弟兄们、对爱他人的人的同情和爱，对恨我们的人的爱，对敌人的爱——是的，这就是上帝在人间传播的、玛丽亚公爵小姐教给我而我过去不懂的那种爱；这就是我为什么舍不得离开人世，这就是我所剩下来的唯一的东西，如果我还活着的话。但是现在已经晚了。我知道这一点！（《战争与和平》）

人都是自私的，我们以为只要做最好的自己，就可以有幸福的生活。但不要忘了我们从来都不是独自生活在这个世界上的，打扫干净了“自家门前雪”，“他人瓦上霜”也可能不期地落到我们头上。

所以，以“老吾老以及人之老，幼吾幼以及人之幼”的博爱胸怀爱我们生活的这个世界吧，美了大世界，也就幸福了我们的小生活。

了解不幸，才能懂得幸福

幸福总是其自身的否定，但是他这句话是含有苦涩和讥讽的意味的。他言外之意仿佛是说，我们一心追求肯定的幸福，而我们得不到它，只不过折磨自己罢了。但是皮埃尔毫无保留地承认他说得对。没有痛苦、需要得到满足，以及由此而来的选择事业的自由——也就是选择生活方式的自由，所有这一切，现在皮埃尔觉得是一个人毫无异议的至高无上的幸福。（《战争与和平》）

每个人几乎都有自己关于幸福的标准和追求，但没有经历过不幸的人又怎会知道什么是幸福呢？所以才会有“身在福中不知福”的悲哀，才会有幸福离去后的幡然醒悟和追悔莫及。

知足者常乐

美味佳肴、清洁的环境、自由，这些需要满足的东西，现在，当他失掉这一切的时候，他才觉得，这些需要的满足是无上的幸福，至于选择职业，也就是选择生活方式，现在，当这种选择完全受到限制的时候，他才觉得这是极其容易的事情，他甚至忘记，生活条件过分优越，需要得到满足的幸福也就消失了，选择职业最大限度的自由，也就是教育、财产和社会地位给予他的那种自由，正是这种自由才使选择职业成为无法解决的难题，甚至连需要本身和从业的可能性也不存在了。

他认识到，世上并没有什么可怕的东西，他认识到，世上没有哪个环境是人在其中过得幸福和完全自由的，也没有哪个环境人在其中过得不幸福和不自由的。他认识到，痛苦有一个界限，自由也有一个界限，而且这个界限非常接近；一个人为他的锦绣被褥折了一个角而感到苦恼，也正如他现在睡在光秃秃的湿地上，一边身子冷一边身子热而感到苦恼一样；从前他曾为穿紧脚的舞鞋而感到痛苦，而现在他完全光着脚（他的鞋早已破烂

了），用两只布满伤口的脚走路，也感到同样的痛苦。（《战争与和平》）

人是充满矛盾的个体，当我们拥有时会觉得如果能拥有更好的就是幸福。但是一旦失去了所拥有的，才会意识到自己从前就生活在幸福中。只有真正失去了才让人懂得珍惜。为什么不能在拥有的时候就学会珍惜呢？少一点贪欲、少一些抱怨，多一点知足、多一份感恩，才可以让幸福更加持久。

由内而外的美才是真的美

哎呀，你真可笑！一个人不是因为漂亮才可爱，而是因为可爱才显得漂亮。只有像马尔维纳斯之流的女人才因为姿色而被别人所爱；我爱我的妻子吗？不爱，我也不知道该怎么对你说。没有你，或是我们之间有什么不愉快的事，我就六神无主，什么事也做不下去。你说，我爱自己的手指吗？不爱，可你把手指割掉试试……（《战争与和平》）

对于男人来说，最初吸引他们的可能是女人美丽的外表。但再美的容貌，看久了也会变得平淡无奇，到那时候，女人优雅的谈吐、超群的智慧就会显得魅力非凡。

婚姻的幸与不幸

他处处发现他以前的幻想的破灭和新的意外的魅力。他是幸福的，但是进入家庭生活以后，他处处看到这和他所想象的完全不同。他处处感到这样一种心情，如同一个人叹赏湖上一叶小舟平稳而幸福地漂浮，等到自己坐上小舟的时候心情就有些两样。他发现：这并不只是平稳地坐着，毫不摇晃，人还得要思考，片刻不能忘记他要到什么地方去；而且下面还有水，人还得划桨；他的不习惯划桨的手还会疼痛；只是看着容易，可是做起来的时候，虽说是非常愉快，却也是很不容易啊。（《安娜·卡列尼娜》）

在还没有步入婚姻殿堂的人眼里，婚姻是甜蜜而美好的，令他们充满期待。但林语堂先生告诫我们婚姻并非一帆风顺。“如果你们还在做梦，只想一帆风顺，以为婚姻只有甜味，没有苦味，请你们快点打破这个迷梦。”（林语堂《一篇没有听众的演讲》）

当激情归于平淡之后，婚后的生活就和之前每一个平凡的日子一样，会产生苦恼，会遭遇困境，会有烦闷和争吵。你会偶尔叹息结婚有什么好，但偏过头看看身边那个为你的快乐而快乐，为你的苦恼而挺身而出的人，你就会由衷地感叹："结婚的日子真美好！"

给爱留下适当空间

但是她关心的主要还是她自己——关心到能够博得弗龙斯基的爱情和补偿他为她而牺牲的一切的地步。弗龙斯基很赏识她这一点，这变成了她唯一的生活目的——这就是不仅要博得他的欢心，而且要曲意侍奉他的那种愿望；但是同时他又很厌烦她想用来擒住他的情网。日子越过下去，他越是经常地感到自己为情网所束缚，他也就越时常渴望着，倒不一定想摆脱，而是想试试这情网是否妨碍他的自由。（《安娜·卡列尼娜》）

在爱情关系中，能够适度给予对方空间和自由才是明智的选择。因为，任何一个人都不是百分之百属于另一个人的，我们的精力除了要分配给爱情，还要分配给友情、亲情、事业和爱好。尽管处于热恋中的人都希望尽最大的可能表达自己的爱意，但是如果这种爱被无限放大，则可能变成另外一方的困扰和负担。所以就算是在热恋中也应当给彼此留下一点距离，这样才能为爱情和幸福创造成长的空间。

爱情的境界

男女之间的爱情总有一个时刻达到顶点，到了那个时刻这种爱情就没有什么自觉的、理性的成分，也没有什么肉欲的成分了。（《复活》）

爱情始于肉欲的吸引，但最终将会归于灵魂的依靠，与肉欲无关。

幸福只在于扩大爱

人们通常用技术与科学成就衡量人类的进步，认为文明带来幸福。这种看法不对。卢梭也好，所有欣赏野蛮、宗法状态的人也好，与欣赏文明的人同样有理，或者同样无理。享受最高级、最精致的文明和文化的人同最原始、最野蛮的人所拥有的幸福完全一样。通过科学文明、文化增加人的幸福，等于要水面上某一处的水比别处的水停得高一些，根本不可能。只有通过扩大爱才能增加人们的幸福，爱由于它本身的性质使所有的人处于平等地位。幸福只在于扩大爱。（《托尔斯泰文集 017 日记》）

科技进步为我们创造出更加优越的物质条件，但并不能“生产”出更多的幸福。日益冷漠的人际关系和日趋紧张的生活节奏，让我们只忙碌着自己的忙碌，忘记了关爱别人的方法。

幸福来自家人的微笑、朋友的赞许、陌生人的关爱，这和科技进步无关，和“爱己、爱人”的温暖胸怀有关。

爱情面前需要忠诚

“我知道你不承认一个人有了一份口粮的时候还会爱好新的面包卷——照你看来，这是一种罪恶；但是我认为没有爱情就无法生活……你知道女人这个东西不论你怎样研究她，她始终还是一个崭新的题目。”（《安娜·卡列尼娜》）

忠诚是相爱的人必须努力做到的，这是对一段感情最基本的尊重和责任。

恋爱中的人缺乏理智

他们感到这有点不同，这不是儿戏，这个女人对于我比生命还要宝贵。而且这是不可理解的，所以使他们恼怒了。不管我们的命运如何或是将要如何演变，我们自作自受，毫无怨尤，他说，以我们这个字眼把他自己和安娜联系起来。“不，他们非要教导我们怎样生活。他们丝毫不懂得幸福是什么，他们不知道没有这种恋爱，我们就没有幸福也没有不幸——简直就活不下去了。”他沉思。（《安娜·卡列尼娜》）

炙热的爱情会把人的智商变为零，让深陷其中的人完全看不到对方的缺点；炙热的爱情还会给人惊人的力量，让热恋中的人随时有为爱情而结束生命的勇气。其实，任何人都有缺点；离开了谁，我们的日子都会继续下去，毫不停歇。

所以，热恋中的人啊，时刻提醒自己保持理智吧。任何过激的行为都只能说明你还不懂如何爱自己、爱别人。

冷暖自知

“我不幸？”她说，更挨近他了，露出热情洋溢、含情脉脉的微笑望着他。“我好像一个得到了食物的饿汉一样。他也许很冷，穿得很破烂，而且害臊，但他却不是不幸的。我不幸吗？不，这才是我的幸福哩……”

（《安娜·卡列尼娜》）

流浪汉的快乐和富翁的寂寞，我们都不懂。因为我们不是他们，不能体会他们自己才知道的快乐和悲伤。

所以，不要匆匆忙忙地去追求那些徒有其表的东西，日子的冷暖、生活的滋味只有我们自己知道。

婚姻意味着崭新的开始

她不但回忆起她自己，而且回忆起她所有的女友和知交；她想起她们一生中也曾有过这样最严肃的一天，她们也曾像基蒂一样戴着花冠站着，心里怀着爱情、希望和恐惧，舍弃过去，踏入神秘的未来。（《安娜·卡列尼娜》）

结婚之前，我们是父母的子女，以单纯的身份在关爱下长大；结婚之后，我们将走进一个全新的家庭，为人妻、为人夫、为人子女、为人父母，用陌生的身份尝试关爱别人。这种期待和畏惧是每个人都会经历的，也必将成为美好的回忆。

幸福不等于欲望的满足

同时，弗龙斯基，虽然他渴望了那么久的事情已经如愿以偿了，却并不十分幸福。他不久就感觉到他的愿望的实现所给予他的，不过是他所期望的幸福之山上的一颗小砂粒罢了。这种实现使他看到了人们把幸福想象成欲望实现的那种永恒的错误。（《安娜·卡列尼娜》）

人们常常以为，只要满足了自己在金钱、名誉、权利等方面的欲望，幸福就会随之而来了。这没有错，但他们不知道的是，人的欲望从来都不会被满足。

婚姻与爱情是两回事

虽然列文自信对于家庭生活抱着最正确的见解，但是他，也同所有的男子一样，不知不觉地把家庭生活想象成完全是爱情的享受，既没有什么东西来妨碍它，也没有什么琐碎的忧虑来分心。在他设想起来，他应当从事他的工作，而在爱的幸福中求得休息。她应当被热爱着，再也没有别的了。（《安娜·卡列尼娜》）

恋爱是两个人的事，有爱情足矣；婚姻是两个家庭的事，除了爱情，更需要理解、宽容和承担。纯粹的爱情无法支撑婚姻走得长久，在爱情的基础上加上对家庭的责任感和宽容的心才能令婚姻稳固、幸福。

争吵是婚姻生活的调味剂

另一种失望和魅惑是由他们的口角引起的。列文绝没有想象到他和他妻子之间除了温存、尊敬和爱的关系以外还能够有别的关系，可是结婚后没有几天他们就突然吵了嘴，她竟然说他并不爱她，只爱他自己，说着就哭起来，摆着两手。……他们和解了。她认识到自己的过错，虽然她没有说出来，但对他更温柔了，他们在爱情中体验到一种新的加倍的幸福。（《安娜·卡列尼娜》）

美国社会学家曾对世界上自认为最幸福的四万对夫妻进行过调查，结果发现其中百分之七八十的幸福夫妻会偶尔争吵。偶尔的争吵是夫妻之间表达自身观点，增进彼此了解，不断磨合，统一意见的重要过程，也是平淡生活的调味剂。

死不是威胁的工具

死，作为使他对她的爱情死灰复燃，作为惩罚他，作为使她心中的恶魔在同他战斗中出奇制胜的唯一的手段，鲜明而生动地呈现在她的心头。（《安娜·卡列尼娜》）

死亡是件严肃而悲伤的事，不是用来壮大自己或威胁别人的工具。把死亡当筹码的人是不尊重自己，不热爱生命的，更不会懂得如何尊重他人，如何热爱生活。

幸福没那么复杂

那时他第一次清楚地看到，在所有人面前，在他自己面前，除了痛苦、死亡和永远被世间忘却以外一无所有，于是他断定这样活下去是不可能的，他要么得把生命解释清楚，使它不要像是什么恶魔的恶意嘲笑，要么就得自杀。

但是他既没有做这件事，也没有做那件事，反而继续活下去，继续思考和探索着，甚至同时还结了婚，体验到许许多多的乐趣，而且当他不考虑他的生命的意义时他还是很幸福的。（《安娜·卡列尼娜》）

有时，我们过高估计了幸福到来的条件，以为只有付出得足够多，才有资格享受幸福。但其实，只要我们热爱生活，敬畏生命，懂得珍惜当下拥有的一切，幸福就会触手可及。

答案在生活中

我找寻我的问题的答案。但是思想却不给予我的问题一个答复——它和我的问题是不相称的。生活本身给予了我这个答案，从而让我认识了什么是善，什么是恶。这种知识我是用什么方法也得不到的，但是生活赐给了我，就像赐给了所有的人一样，所以赐给我，就是因为我从任何地方也不能够取得它。（《安娜·卡列尼娜》）

关于人生的一切答案都包含在每天的生活中。生活会把善与恶、美与丑教给认真生活的人，以便他能在下一个路口和幸福不期而遇。

信仰给予的幸福

> 我，是受信奉上帝的观念教养大的，是一个基督徒，我的一生中充满了基督教所赐予我的精神上的幸福，我的身心盈溢着这种幸福，而且依靠它生活，可是我，却像个孩子一样，不了解它，想破坏它，那就是说，我想要毁坏我用来维持生活的东西。但是只要一到生命的紧要关头，我就像孩子们饥寒交迫的时候一样，我就转向了“他”……（《安娜·卡列尼娜》）

人总要相信些什么，才会畏惧些什么，才会勇敢地追求些什么，而在这敬畏和勇敢的追求中，人们就会获得莫大的幸福。

爱不应当是一味索取，也要有所付出

从我记事的时候起，我就记得纳塔利娅·萨维什娜，记得她的热情和爱抚；但是，直到现在我才懂得珍视这些，而在当时，我从来没有考虑过这位老妇人是个多么难得的可贵的人。她不但从来不提自己，而且好像从来没有想到过自己；她一生都怀着慈爱和自我牺牲精神。我已经习惯了她对我们那种无私的、温存的爱，甚至想象不出会是另外一种样子。我一点也不感激她，自己从来也没有思考过这样的问题："她幸福吗？她满意吗？"（《童年》）

在这个世界上，愿意不计回报地为我们付出和牺牲的人少之又少。而报答他们的最好方式就是不计回报地为他们的幸福和快乐付出。在这样的爱与被爱之间，世界将充满幸福。

爱可以抵御悲伤

只有爱得强烈的人们，才能体会到强烈的痛苦；但是，那种对于爱的强烈要求正可以作为她们抵抗悲伤的药剂，可以治愈他们。因此，人的精神力量比体力更富于生命力。悲伤从来也折磨不死人。（《童年》）

真正的痛过才会懂得爱，爱是一种正能量，可以保护我们的内心免受伤害。一个人内心充满爱的时候也是他最强大的时候。

心灵的知音

我们的心灵是那么和谐，随便在一个人的任何一根心弦上轻轻一触，就会引起另一个人的共鸣。正是我们在谈话中所触及的各种心弦的共鸣，使我们得到无穷的乐趣。我们觉得言语和时间都太少了，表达不出我们彼此要倾心吐露的思想的全部。（《少年》）

人的一生会结交很多朋友，真正能做到心意相通的则是少之又少。所以伯牙和钟子期之间“高山流水遇知音”的故事才会为人千古传颂。如果有幸遇到一个心意相通的心灵知音，一定要好好珍惜，这是人生最大的幸福。

结婚与不结婚的理由

应当结婚的理由，大体说来无非是，第一，结婚除了给予他家庭的温暖和快乐，消除他的性生活的不正常以外，还使得他有可能过一种合乎道德的生活；第二，聂赫留朵夫主要把希望寄托在这一方面：家庭和子女会给他目前这种毫无内容的生活添上一种意义。这就是赞成结婚的一般理由。至于不宜结婚的理由，大体说来不外是，第一，生怕失去自由，这是一切年纪已经不轻的单身汉所共同有的顾虑；第二，对女人这种神秘的生物抱着不自觉的恐惧心理。（《复活》）

许多单身青年恐惧婚姻大多是害怕婚姻生活会抢走他们的自由。但是他们却忽视了婚姻生活可以带来的幸福：和爱人白头相守的幸福、儿女绕膝的幸福……

这种幸福是所谓的“自由”无法取代的。

适时清扫灵魂

聂赫留朵夫生平已经不止一次地发生过他称之为“灵魂的扫除”这类的事情。他所谓的灵魂的扫除，指的是这样的一种精神状态：往往经过很长一段时期的间隔以后，忽然，他感到他的内心生活疲沓了，有时甚至停顿了，就着手把堆积在他灵魂里而成为这种停顿的原因的垃圾统统清除出去。（《复活》）

所谓“欲速而不达”。如果在追求幸福的道路上走得太过匆忙，当我们到达幸福彼岸的时候，也许就只能记住旅途的艰辛，而无法感受幸福的快乐了。所以，适时地停下来给自己充充电，清扫一下满身尘土的灵魂，重新带着轻松纯净的心灵上路，我们才能感受到真正的幸福。

爱，不一定要占有

其实她早已又在爱他，而且爱得那么深，凡是他希望她做的，她都不由自主地照着做了：她已经戒掉烟酒，不再卖弄风情，而且到医院里去做杂工。她所以做这些事，就是因为她知道他希望她这样做。如果每次他提起他要同她结婚，她总是那么断然拒绝接受他的牺牲，那也只不过是因为她先前已经对他说过那些高傲的话，以后就不愿意再改口罢了，而且主要的是因为她知道同他结婚就会使他不幸。（《复活》）

小鸟偷懒，不愿练习飞翔和觅食，大鸟就会把小鸟啄出鸟巢。不是不爱，只是想让自己爱的人过得更好。

学会宽恕

其大意就是要永远宽恕一切人，要宽恕无数次，因为根本就没有一个人是自己没有罪，因而可以惩罚或者纠正别人的。（《复活》）

人这一辈子总是难免犯错的，犯了错，我们都希望能得到别人的原谅。所以，当有人犯错时，想想当初那个渴望得到谅解的自己吧。用宽容的心对待每一个人，我们的世界就会变得美好起来。

幸福不是自私的

在聂赫留朵夫身上就跟在一切人身上一样，有两个人。一个是精神的人，他为自己所寻求的仅仅是对别人也是幸福的那种幸福；另一个是兽性的人，他所寻求的仅仅是他自己的幸福，为此不惜牺牲世界上其他一切人的幸福。（《复活》）

每个人身上都有自私的一面，需要理性的约束。如果我们放任自己为了一己私利而牺牲其他人的幸福，那当其他人为了他们的幸福来伤害我们时，我们也就无话可说了。

为梦想而活的幸福

夜里好像重新思索了生命的意义。还是那些道理：你应该做也可以做你的精神意识要求你做的事。不是你对谁有义务这样做，而是只有这种活动能给予你真正的幸福，这一点必然鼓舞你去做。（《日记》）

小时候，我们认为学习是为了父母；长大后，我们觉得工作是为了糊口。所以，学习和工作都成了巨大的负担，让我们无暇体会生活的快乐。试问这样的生活有什么意义呢？生命的长度是有限的，我们应把有限的生命活得精彩。大胆追求那个能让你心甘情愿早起或熬夜的梦想吧，人生的幸福就在那里！

有种幸福无法摧毁

当你活着不是为了自己，而是为了他人的时候，你对生命的看法有多大的变化啊！生命不再是目的，而成了手段。不幸使人乐于行善——行善使人幸福——幸福使人败坏。

幸福有两大类，即乐于行善者的幸福和爱好虚荣者的幸福。前一类幸福来自善行，后一类幸福来自命运。必须使善行深深扎下根来，不让后一类幸福对前一类幸福产生坏影响。建筑在虚荣之上的幸福会被虚荣毁掉，因为名誉毁于恶言，财富毁于欺诈。建筑在善行之上的幸福却没有什么能毁掉它。（《日记》）

名利、财富等带来的幸福感是易逝的，一旦名利、财富不存在了，幸福也就会消失。建立在善行基础上的幸福则完全相反，它无需成本，长存心间。

爱情总是悄悄地来

爱情和宗教，这是两种纯洁的崇高的感情。我不知道什么叫爱情。如果爱情像我读到的和听到的那样，那么我还从来没有体验过。……如果有人问我，为什么我要在喀山逗留，是什么使我感到愉快？为什么我那样幸福？我不会回答说，这是因为我落入情网。当时我对此浑然不觉。我以为，这浑然不觉正是爱情的主要特征，并且构成爱情的全部魅力。（《日记》）

爱情不会在它到来时通知你，你无法预知自己什么时候开始爱上一个人。爱情的魅力正在于这样的悄无声息。很多年后，两个人依偎在一起，回忆起最初的点点滴滴，一切就都会成为最幸福的回忆。

幸福就在寻常处

主人公在乡村生活中探寻实现幸福和正义的理想的途径。他没有找到，失望之余，又想到家庭生活中去探寻。他在妻子的启发下想到，幸福不在理想之中，为目的的劳动之中。而在经常的，为生活必需的，以他人的幸福为目的的劳动之中。（《日记》）

我们在寻找幸福的道路上匆忙奔走，以为幸福就在路的尽头。其实，幸福就散落在路的两边，在最寻常的地方，只是因为跑得太快，我们才错过了许多。